Alexander Barth

111 Orte in Aachen und der Euregio, die man gesehen haben muss

Mit Fotografien von Eckhard Heck

emons:

Bibliografische Information der Deutschen Nationalbibliothek
Die Deutsche Nationalbibliothek verzeichnet diese Publikation in der Deutschen Nationalbibliografie; detaillierte bibliografische Daten sind im Internet über http://dnb.d-nb.de abrufbar.

FSC
www.fsc.org
MIX
Papier aus verantwortungsvollen Quellen
FSC® C010135

Gestaltung: Eva Kraskes, nach einem Konzept von Lübbeke | Naumann | Thoben
Kartografie: Ursula Baaser
Wald- und Siedlungsflächen: OpenStreetMap
Druck und Bindung: B.O.S.S Druck und Medien GmbH, Goch
Printed in Germany 2012
ISBN 978-3-89705-931-3
Originalausgabe

Vorwort

Den Aachener Dom – kennt man. Auch das historische Rathaus findet sich in jedem Reiseführer. Aber kennen Sie den Platz, wo man dem Allerwertesten des Herrn huldigt? Sind Sie schon mal über Drachenzähne mitten im Aachener Wald gestolpert? Haben Sie je eine Audienz im Sauerbratenpalast genossen? Wussten Sie, dass in Aachen der erste Discjockey der Welt aufgelegt hat?

In diesem Buch finden sich 111 Geschichten, Stimmungen und Visionen aus der echtesten aller Europastädte und dem Umland zwischen Maas und Rhein. Spannendes und Kurioses aus dem Dreiländereck – das 100 Jahre lang sogar ein Vierländereck war.

Zwar sind in Aachen die Bäche und heißen Quellen weiterhin unter die Erde verbannt. Doch viele versteckte, skurrile, magische oder einfach nur schöne Orte kommen hier ans Tageslicht. Nicht selten schwanken die Aachener Lebenswirklichkeiten zwischen einer liebenswerten Provinzialität und europäischem Glanz, den nicht zuletzt der alljährlich verliehene Karlspreis in die Stadt bringt. Dazwischen und vor allem darüber hinaus gibt es unzählige Schätze, die gehoben werden wollen. An Orten, die man womöglich kennt, aber so noch nie betrachtet oder betreten hat. Die folgenden 240 Seiten dürfen als flammender Appell dazu verstanden werden.

Immer gilt dabei: Die Wege zwischen den Grenzen sind kurz. Von der kleinsten Kneipe Europas bis zum »Ur«-Hochhaus Deutschlands, zwischen Hochmoor und Tagebau, vom unterirdischen Kulturbunker hinauf zu den höchsten Punkten Belgiens und der Niederlande. Überall lässt sich hervorragend dem Sound dieser besonderen Region lauschen, der sich nicht nur im einzigartigen Sprachgemisch dreier Nationen manifestiert.

111 Orte

1 Der 1. Aachener Milchautomat

Muh-Saft zum Selbstzapfen

Seit 1972 tragen Voreifelorte wie Sief, Schmithof oder Walheim zur Steigerung der Aachener Bevölkerungszahl bei. Mit der Eingemeindung des ehemaligen Bezirks Kornelimünster hat die Stadt eine ländlich geprägte Visitenkarte erhalten. Entlang der Monschauer Straße wird der grüne Teppich in Richtung Eifel ausgerollt. Hier sind die Dörfer beschaulich, die Häuser und Höfe rustikal und pragmatisch. Die Bauweise ist geprägt von den Erträgen der alten Steinbrüche im Aachener Süden, ein handfestes Grau bestimmt das Siedlungsbild zwischen Wiesen und Feldern.

Noch bevor man aber endgültig die Stadtgrenzen hinter sich lässt und Nordrhein-Westfalens ersten Nationalpark ansteuert, lohnt ein Abstecher zum denkmalgeschützten »Gut Kreuzchen« an der Kinkebahn. Einen derartigen Straßennamen würde man per se wohl eher im nahen Belgien vernehmen, tatsächlich führt sie über die Grenze hinweg bis an den Ort Eynatten heran. Die Geschichte der Wegverbindung soll bis in die Römerzeit zurückreichen.

Der 1. Aachener Milchautomat steht recht unscheinbar am Wegesrand vor dem Hof und vereint doch bäuerliche Tradition und, nun ja, fortschrittlichen Shoppingkomfort. Die Idee der Extraportion Eiweiß zum Selbstzapfen stammt von der ansässigen Familie Kronenberg, die den Hof bereits in vierter Generation bewirtschaftet.

Von der Sehnsucht nach etwas Ländlichkeit getrieben, kommen auch viele Städter hierher, während Uneingeweihte schon mal ungläubig staunend vor dem Automaten stehen. Radfahrer tanken hier gern Flüssigkraft für längere Touren im hügeligen Land. Passendes Kleingeld ab zehn Cent aufwärts und ein eigenes Gefäß sind Voraussetzungen für den schnellen Straßeneinkauf. Verwöhnte Supermarkt-Zungen sollten allerdings beachten: Die Ware fließt hier direkt ab Werk, also Kuh, zum Verbraucher.

Adresse Kinkebahn, 52076 Aachen | **Anfahrt** Über die Monschauer Straße stadtauswärts, hinter der Autobahnbrücke Lichtenbusch rechts abbiegen. Man durchquert Lichtenbusch und folgt der Raerener Straße bis zum Ende eines Waldstücks. Links abgebogen in die Kinkebahn, stößt man nach etwa 600 Metern auf den Milchautomaten. | **Öffnungszeiten** Die Milch fließt rund um die Uhr frisch. | **Tipp** Lichtenbusch, der alte Grenzort mit der typischen Einkaufsinfrastruktur, verbreitet bis heute etwas vom Flair der Jahre, als die Aachener ihren Kaffee bevorzugt auf kurzen Wegen in Belgien erwarben.

2 Die AachenMünchener Treppe

Der direkte Weg ins Zentrum erfordert Augenmaß

Der umfassende Erweiterungsbau des 1825 in Aachen als »Aachener Feuer-Versicherungs-Gesellschaft« gegründeten Unternehmens brachte das völlige Facelifting eines ganzen Straßenzuges mit sich. Dabei entstand architektonisch Bemerkenswertes. Eingebettet zwischen Gebäudeteilen im typischen Firmenblassgelb, verbindet die Freitreppe die höher gelegene Aureliusstraße mit der Borngasse. »Public Private Partnerspace« nennt sich das Ganze im Architektendeutsch, das Synonym »halb öffentlicher Raum« dürfte das planerische Phänomen allerdings auch erklären. Auf einer Breite von 20 Metern und mit 63 Metern Länge überwindet man hier acht Höhenmeter.

Gedacht als Teil der angestrebten direkten Wegverbindung zwischen Hauptbahnhof und Innenstadt, wurde der Betonteppich gar als Erlebnisraum angepriesen. Doch speziell in den ersten Wochen nach der Eröffnung im August 2010 erntete der vom Aachener Architekturbüro kadawittfeld entworfene Bau nicht nur Zustimmung. Vor allem Verbände von Seh- und Gehbehinderten liefen Sturm. Der unregelmäßige Stufenverlauf mit verschiedenen Tritthöhen sei irritierend, die variable Farbgebung ebenso.

Danach wurde in Sachen Beleuchtung und Handläufe nachgebessert, sodass sich das Horrorszenario von Massenstürzen zwischen Aureliusstraße und Borngasse bis heute weitgehend nicht bestätigt hat. Das Stadtmagazin MOVIEBETA fasste die Tücken der Stiege zwischenzeitlich humorvoll und im Posterformat zusammen.

Dass der Versicherungsgigant wirklich den Verkauf von Unfallpolicen ortsnah ankurbeln konnte, ist bis heute jedenfalls nur ein böses Gerücht. Mittlerweile wird die Treppe vor allem in den Abendstunden von Jugendlichen, BMX-Fahrern und Skateboardern als Treffpunkt genutzt – unter den wachsamen Augen eines allerdings recht zurückhaltenden Sicherheitsdienstes.

Adresse AachenMünchener-Platz, 52064 Aachen | **ÖPNV** Bus 7, 33, 34, 57, 77, Haltestelle Theater | **Tipp** Vom Fuß der Treppe aus gelangt man stadteinwärts geradewegs in den historischen Posthof und zum 2001 eröffneten Kapuziner Karree.

3 Der alte Schlachthof

Neues Leben in einer ehemaligen Todeszone

Im alten Industriebezirk im Aachener Norden, wo der Süßwarengigant Zentis seinen Hauptsitz hat und wo der Waggonhersteller Bombardier produziert, wurde lange Zeit auch die Fleischversorgung der Region sichergestellt. 2002 endete diese über 100-jährige Ära mit der Schließung des alten Schlachthofs. Doch wo einst täglich allerlei Nutzgetier zwecks Verzehrverarbeitung sein Ende fand, regt sich nun wieder Leben der völlig anderen Art. Denn mittlerweile entstehen Gewerbe- und Wohnanlagen um und in den denkmalgeschützten Gebäuden des alten Schlachthofs an der Metzgerstraße.

Die stetig wachsende Stadtbevölkerung machte in der zweiten Hälfte des 19. Jahrhunderts den Bau eines kommunalen Vieh- und Schlachthofs nötig. So entstand die großzügige Anlage, die sich mit ihrer durchaus anspruchsvollen Architektur am Selbstverständnis des aufstrebenden städtischen Bürgertums orientierte. Der ursprüngliche Bau wurde 1894 fertiggestellt. Bis 1938 kamen zahlreiche Erweiterungen hinzu, von denen einige dem Zweiten Weltkrieg gleich wieder zum Opfer fielen.

Etliche der erhaltenen Gebäude, die teilweise noch Elemente der ursprünglichen Innenausstattung aufweisen, sind inzwischen neu vermietet. Die elf Meter hohe Bogenhalle wird sporadisch für Kulturveranstaltungen genutzt, bis sich ein zukunftsträchtiges Konzept gefunden hat. Der markante Kraftversorgungsturm ist hingegen noch dringend sanierungsbedürftig.

Bis heute geöffnet ist die Kantine, die seit ehedem Kultstatus bei Aachener Nachtschwärmern genießt und eine einzigartige Stimmung mit ihrer wild gemischten Gästeschar versprüht. Hier sitzen sie in den frühen Morgenstunden einträchtig beieinander, die Taxifahrer und Handwerker, die versprengten Discogänger und knurrigen Rentner. Nur die grobgesichtigen Männer in den blutigen Metzgerschürzen, die hier nach der Nachtschicht ihr Frühstück verzehrten, kommen nicht mehr.

Adresse Metzgerstraße, 52070 Aachen | ÖPNV Bus 1, 11, 21, 46, Haltestelle Liebigstraße | Öffnungszeiten Kantine: Mo – Fr 5 – 15 Uhr, Sa 5 – 12 Uhr | Tipp Samstags von 10 bis 18 Uhr öffnet die Aachener Flohmarkthalle an der Liebigstraße ihre Pforten. In der alten Werkshalle übertrumpft die Atmosphäre mitunter die Qualität des Angebots, das mit »Grober Trödel« noch charmant umschrieben ist.

4__Die Annastraße

Ein bisschen Brügge in Aachens Altstadt

Sie gehört sicher zu den ruhigsten, aber gleichzeitig sehenswertesten Ausfallstraßen des Domviertels. Die Annastraße, die ihren mittelalterlichen Verlauf bis heute behalten hat, gehört dank Autoverkehrsfreiheit ganz den Fußgängern und Radfahrern sowie den Anwohnern und Besuchern des Zentrums. Mit ihren Galerien, Antiquitätenläden, Handwerksgeschäften und den mehr als 25 denkmalgeschützten Häusern hält sie sogar dem gewagten Vergleich mit mancher Gasse im belgischen Mittelaltermekka Brügge stand.

Zur Altstadt hin öffnet sich die Annastraße zum Fischmarkt, Aachens historischem Mini-Verteilerkreis seit Römerzeiten mit dem kleinen Fischpüddelchen-Brunnen. Hier sollen im Mittelalter die Hexen getanzt haben. Stadtauswärts endet sie heute am unscheinbaren Hans-Stercken-Platz, benannt nach dem 1999 verstorbenen Aachener Europapolitiker. Bereits im 13. Jahrhundert war ein hier verlaufender Flur- und Feldweg bekannt, womöglich ist der Pfad jedoch noch weitaus älter. In jüngerer Zeit verlief die Verlängerung der heutigen Annastraße sowohl in Richtung Kasernen- als auch zur Jakobstraße. Heute hat die Rosstraße als der alten Stadtmauer vorgelagertes Quartier die Richtung der »platea acuta«, so der alte lateinische Straßenname, aufgenommen.

Wie an den meisten Ausfallwegen innerhalb des im 12. Jahrhundert erbauten inneren Mauerrings stand auch hier ein Tor. Bei Ausschachtungsarbeiten wurden 2009 dort, wo heute die Jesuitenstraße in die Annastraße mündet, die Grundmauern des alten Scherptors entdeckt. Im mittleren Teil der Straße liegt hinter den direkt an der Annastraße errichteten Häusern eine der gemütlichsten und grünsten Wohnanlagen der City. Gegenüber der Annakirche, Aachens ältestem protestantischen Gotteshaus, gelangt man durch den Torbogen bei Haus Nummer 36 zum Hermann-Heusch-Platz, benannt nach dem ehemaligen Oberbürgermeister und Karlspreis-Mitbegründer.

Adresse Annastraße, 52062 Aachen | **ÖPNV** Bus 12, 15, 23, 24, 25, 35, 45, 55, 65, 75, Haltestelle Annastraße (Hans-Stercken-Platz) | **Tipp** Die nahe Kulturinstitution Barockfabrik beherbergt unter anderem das städtische Puppentheater »Öcher Schängche« und bietet rund ums Jahr etliche Veranstaltungen an (Löhergraben 22, www.barockfabrik-aachen.de).

5 Die Antoniusstraße

Sündiges »Sträßchen« unter himmlischem Schutz

Käufliche Körperlichkeit gab es hier schon lange bevor die Germania-Fischhallen mit ihrer Hingucker-Jugendstilfassade von 1905 am unteren Ende des »Sträßchens« überhaupt erbaut waren. Bereits im Mittelalter ließ die wenig zweideutige Bezeichnung »Hurenstraße« auf die ansässigen Unternehmungen schließen. Zwar gilt die Prostitution seit jeher als unchristlich, dennoch wird in Aachen seit vielen Jahren über die genaue Zahl kirchlicher Immobilienbesitztümer im Rotlichtbezirk gemunkelt.

Ein Blick in das Aachener Adressbuch von 1942 verrät: Für die Antoniusstraße sind auffallend viele Frauen als Hausbesitzerinnen oder -bewohnerinnen vermerkt. In den 1950er Jahren war die Straße bereits ein echtes von Bordellen geprägtes »Sträßchen«; das verklärende Kosewort hat sich bis heute gehalten. Enklaven gab es früher mehr als heute: Lange waren dort etwa auch die Papiergroßhandlung Frehn (heute am Reichsweg) oder die 1874 gegründete und mittlerweile in der Kackertstraße beheimatete Glaserei Sonanini angesiedelt. Auch die Möbeltischlerei Grossmann unterhielt Häuser in der Antoniusstraße, heute baut das einstige Firmenareal dank Leerstand zusehends ab.

Indizien für eine friedliche Koexistenz der Aachener mit ihrem Rotlichtbezirk hat es durchaus regelmäßig gegeben. Etwa mit »Kunst im Bordell« 1990, kuratiert von Wolfgang Becker, nebenbei Gründungsdirektor des Ludwig-Forums. Die halbe Stadt war mit von der Partie, die ausgestellten Werke hinterher allesamt verkauft. Die halbe Stadt? Sei es aus Kunstinteresse, Neugier oder einer diffusen bürgerlichen Lust am Verruchten – sie war da.

Trotz des weitgehend lockeren Umgangs mit der ungewöhnlich zentralen Bordellmeile sollten auch Aachener Augen nicht vor den Themen Zwangsprostitution und Menschenhandel verschlossen werden. Der weltweit aktive Verein Solwodi steht Ausstiegswilligen mittlerweile mit einer Beratungsstelle zur Seite.

Adresse Antoniusstraße, 52062 Aachen | ÖPNV alle innerstädtischen Busse halten am nahen Bushof (Peterstraße) | Tipp Die Fassade der ehemaligen Germania-Fischhallen von 1905 bildet einen imposanten Kontrapunkt zur umliegenden Nachkriegsbebauung. In den ehemaligen Verkaufsräumen im Erdgeschoss sind mittlerweile ein Imbiss und eine Peepshow ansässig.

6 Das Autonome Zentrum

Unterirdische Kultur im Weltkriegsbunker

Am Ende einer langen Reihe von Hausbesetzungen in der Innenstadt stand 1991 die Eröffnung des Autonomen Zentrums im ehemaligen Tiefbunker direkt unter dem Gesundheitsamt. Nachdem in der nahen Kasinostraße die letzte besetzte Immobilie geräumt worden war, bot die Stadt der alternativen Szene die weitläufigen unterirdischen Räumlichkeiten als Veranstaltungsort an. Man griff zu, wenn auch zunächst eher widerwillig ob der auf den ersten Blick wenig einladenden Stätte.

Im Nachhinein stellte sich das tiefergelegte Beton-Ungetüm jedoch als Glücksgriff für die unabhängigen Kulturmacher Aachens heraus. Denn Lärm- und Anwohnerbelästigung sind hier de facto nicht vorhanden, wenn – vor allem an den Wochenenden – Veranstaltungen mit Bands und Künstlern aus der ganzen Welt stattfinden. Das Spektrum reicht von Punk- über Reggae-, Independent- und Ska-Konzerte bis hin zu stampfenden Elektro- oder Techno-Feiern. Aber auch japanische Klangexperimentalisten oder mexikanische Elvis-Epigonen fanden und finden den Weg in die bunt bemalte Agora unweit des Aachener Hauptbahnhofs. Da sich das Autonome Zentrum seit jeher als Freiraum für Kulturschaffende aller Art versteht, stehen zudem immer wieder Ausstellungen, Lesungen oder Filmvorführungen auf der Agenda. Und wo sonst als bei den Beach-Partys im »AZ« findet man in der Stadt echtes Strandgefühl in geschlossenen Räumen?

Seit einigen Jahren wird der Laden federführend von den »Freunden der unabhängigen Kultur in Aachen e.V.« betrieben. Auch nach umfangreichen Umbau- und Sanierungsmaßnahmen ist dieser einst hart erkämpfte Freiraum eine Location mit sehr speziellem Charme und ganz ohne kommerziellen Anspruch geblieben. Und trotz starker Konkurrenz von Hochglanz-Veranstaltungsorten bleibt sich das Autonome Zentrum treu und bietet vielfältige Kultur fernab des Mainstreams bei fairen Eintritts- und Getränkepreisen.

Adresse Vereinsstraße 25, 52062 Aachen | **ÖPNV** Deutsche Bahn, Haltestelle Hauptbahnhof, Bus 1, 3 A / B, 11, 13 AB, 21, 46, 50, SB 63, Haltestelle Hauptbahnhof | **Öffnungszeiten** an Veranstaltungstagen in der Regel ab 20 Uhr | **Tipp** Bei einigen Veranstaltungen wird köstliches fleischloses Catering gereicht, meist gegen lediglich eine kleine Spende. Suppen, Snacks, vegane Bratlinge: Probieren lohnt sich.

7 Das Bahkauv

Abgefahrene Ausrede für Aachens Trunkenbolde

Die reichlich bekannte Legende vom wassertriefenden Bachkalb ist einfach zu gut, um in diesem Buch verschwiegen zu werden: Wo einst die Menschen im Laufbrunnen »Am Kolbert« ihre Wäsche wuschen, soll in den darunterliegenden Abwasserkanälen ein furchterregendes Wesen mit einer ausgeprägten Abneigung gegen volltrunkene Spätheimkehrer gehaust haben. Kaum eine Figur aus dem Aachener Sagenschatz hat die Phantasie so sehr beflügelt wie das Bahkauv. Die Mission des schuppigen Scheusals: Hatte ein Sohn der Stadt zu ausgiebig die buchstäblichen Vorzüge der hiesigen Kneipendichte genossen, soll es sich kurzerhand auf den Rücken des Unglückseligen geworfen haben. Der hatte zwar daheim eine abgefahrene Ausrede für die späte Heimkehr parat, in erster Linie brachte das Auftauchen des Kalb-Reptils aber eins: Knatsch mit der Ehefrau.

Bereits 1904 wurde dem Bahkauv ein erstes Denkmal gesetzt, das wie so viele Kunstwerke in den Jahren des Zweiten Weltkriegs im Rüstungswahn eingeschmolzen wurde. Diese Figur, zu der neben einem Steinsockel auch das Abbild eines verängstigten Jünglings gehörte, stammte vom damaligen TH-Professor Karl Krauß. Erinnerte es optisch eher an den gutmütigen Drachen Fuchur aus Michael Endes »Die unendliche Geschichte«, kommt das relaunchte Bahkauv schon deutlich bedrohlicher daher. Seit 1967 fletscht die Bronzeplastik von Kurt-Wolf von Borries ihre Zähne und gibt unablässig Aachener Wasser aus Düsen im kräftigen Schweif ab.

Rund um den Büchel befand sich bis in die 1960er Jahre hinein das Herz des Aachener Bädersteiges. Das prächtige Kaiserbad, vor dem der erste Bahkauv-Brunnen platziert war, ist längst aus dem Bild dieser altstädtischen Kreuzung verschwunden. Der jetzige Bau, das Aachen-Fenster, ermöglicht dank Knick im Giebel freie Sicht auf den Dom. Im Keller tritt bis heute das 53 Grad heiße Wasser der Kaiserquelle aus, die einst mehrere Badehäuser versorgte.

Adresse Büchel, 52062 Aachen | ÖPNV nahezu alle innerstädtischen Busse halten am nahen Elisenbrunnen | Tipp Das Haus »Zum Prinzen Eugenius« (Büchel 41) ist ein gut erhaltenes Zeugnis mittelalterlichen Steinfachwerkbaus. Hier firmierte lange die traditionsreiche und vermutlich älteste deutsche Kaffeerösterei Plum, die heute noch in der Umgebung an der Ecke Körbergasse/Im Hof ein Geschäft betreibt.

8 Das Bahnbetriebswerk West

Gefährdetes Industriebiotop im Süsterfeld

Man muss die Aachener Brachen sehen, solange sie noch liegen. – Diese abenteuerliche Redewendung ergibt sich aus der Tatsache, dass die ehrgeizigen Erweiterungspläne der Rheinisch-Westfälischen Technischen Hochschule auch das alte Bahnbetriebswerk West betreffen. Der Bebauungsplan sieht für das Gebiet zwischen Republikplatz und Toledoring gewaltige Neubauten vor. Diesen müssen neben den weitgehend stillgelegten Anlagen des Westbahnhofs allerdings auch atmende Strukturen wie das im ehemaligen Kloster der »Schwestern vom Guten Hirten« untergebrachte Künstlerhaus weichen. Der Brückenschlag in die akademische Zukunft fordert Opfer, die nicht immer ganz einfach zu vertreten sind.

Mit dem Westbahnhof wurde 1910 auch das Betriebswerk eingeweiht. Nötig wurde das ganze Vorhaben überhaupt erst durch den Abbruch des alten Bahnhofs Templerbend, der für eine frühere Erweiterung der RWTH weichen musste. Neben dem teilweise noch erhaltenen Ringlokschuppen entstand auch eine Bekohlungsanlage, in ihrer Art ziemlich einzigartig im Rheinland. 1978 kam das tägliche eisenbahnerische Ein und Aus allerdings zum Stillstand – eine Konsequenz des Strukturwandels im Transportwesen. Mit dem Ende der Kohleförderung im Aachener Revier fielen ab 1992 auch viele der regelmäßigen Güterumschläge nach Belgien und Luxemburg weg, die Anlage verlor endgültig an Bedeutung. Heute wird am Westbahnhof immerhin noch international umgekoppelt.

Inzwischen bietet sich nördlich des Bahnhofs ein typisches Auflösungsbild: Gebäude und Werkstätten verfallen, Gleise überwuchern oder sind bereits abgetragen, es herrscht so etwas wie abwartende Ruhe. Ein Schandfleck für selbst ernannte Ästheten, doch auch ein Schlaraffenland für Eisenbahnromantiker und Spurensucher vergangener Technikepochen, das zumindest teilweise erhalten bleibt. Immerhin stehen der Lokschuppen und die Werkhalle längst unter Denkmalschutz.

Adresse zwischen Süsterfeldstraße und Pariser Ring, 52072 Aachen | **ÖPNV** Bus 7, Haltestelle Süsterau | **Tipp** Apropos RWTH: Stadteinwärts gelangt man über die Süsterfeldstraße und die Verlängerung Claßenstraße zum Audimax, dem wohl repräsentativsten Hörsaalbau der Universität. Während des »Festivals der Neuen Kunst 1964« holte sich hier ein gewisser Joseph Beuys im Rahmen einer neodadaistischen Aktion eine blutige Nase – das Foto dieser Momentaufnahme erlangte Kultstatus.

9 Der Bärenhof

Stammhaus der alten Degraa-Brauerei

Mit der Übernahme der »Jos. Degraa Erben KG« durch das Kölner Dom-Konglomerat fand die regionale Bierproduktion 1989 ihr vorläufiges Ende. Trotzdem sorgt vor allem der Name Degraa bis heute für wohlig-wehmütige Seufzer bei den Protagonisten der Aachener Kneipenkultur. Einst warben sogar mehrere lokale Brauereien um die Gunst der Durstigen, Namen wie »Bürgerbräu«, »Klinkenberg« oder »Karlsbräu« sind jedoch weitgehend aus dem Bewusstsein und vor allem aus den Zapfanlagen verschwunden. Das Lebenswerk der Familie Degraa ist allerdings nach wie vor lebendig und präsent im Stadt- und Kneipenbild, so verspricht etwa das Aachener Brauhaus am Theater (siehe Seite XXX) bis heute – und nicht ganz der traurigen Realität entsprechend – den Ausschank der einstigen Heim- und Hausmarke.

Kaum ein anderer Ort atmet so viel lokale Biertradition wie der Bärenhof. Hier wurde bereits seit 1850 Gerstensaft gezaubert, ab 1888 befand sich hier viele Jahre lang das Stammhaus der Degraa-Brauerei. Noch heute geht eine alte Werbebotschaft als geflügeltes Wort locker über Aachener Lippen: »Opa wurde 100-jährig, stets trank er Degraa obergärig.« Auch der wohl berühmteste »Konsument« und Werbeträger grüßt bis heute von der Fassade des Hauses, das 1941 bei einem Bombenangriff völlig zerstört und erst acht Jahre später wieder aufgebaut wurde: Die heraushängende Zunge des Degraa-Bären ist auch nach der Neueröffnung als italienisches Restaurant als liebenswerte Reminiszenz an die pure Lust am Aachener Biergenuss zu deuten.

Seit 2011 fließt übrigens wieder Bier mit Degraa-Etikett durch Aachener Kehlen. Ein Nachfahre versorgt alte und neue Fans der Traditionsmarke. Demnächst soll womöglich sogar wieder in Aachen gebraut werden, solange kommt das Bier aus Krefeld. Und vielleicht bekommt dann sogar der Bär wieder sein zwischenzeitlich verschwundenes Gläschen ab.

Adresse Templergraben 1, 52062 Aachen | **ÖPNV** Bus 23, Haltestelle Königstraße | **Öffnungszeiten** Restaurant Frascati Mo – Fr 12 – 15 und 18 – 23 Uhr, Sa 18 – 23 Uhr, So 12 – 23 Uhr | **Tipp** Deutliche Zeugnisse der alten Brautradition sind die Kupferkessel, die im heutigen Restaurant Frascati und dessen Innenhof zu sehen sind.

10 Die Bibliothek des Suermondt-Ludwig-Museums

Wo Puttenengel über Leser wachen

Bevor das städtische Suermondt-Museum im Jahr 1901 mit Sack und Sammlung von der Komphausbadstraße in die Wilhelmstraße zog, war mit der Villa Cassalette eigentlich bereits ein echtes Kunstwerk vorhanden. Der Aachener Fabrikant Eduard Cassalette hatte sich hier ab 1883 ein prächtiges Stadtpalais bauen lassen. Mit der Herstellung von Kratzen – Werkzeugen für die Tuchveredelung – hatte er ein beachtliches Vermögen angehäuft, das ihm die Finanzierung eines herrschaftlichen Baus nach dem Vorbild venezianischer Renaissancepaläste möglich machte. Nach der Befreiung Aachens richteten die US-Truppen im Herbst 1944 hier ihren Kommandostand ein. Bereits im Dezember 1945 eröffnete das Museum wieder, das heute und nach insgesamt drei Erweiterungen mit dem Couven-Museum und dem Ludwig Forum das Dreigestirn der städtischen Kunsthäuser bildet.

Das besterhaltene Zeugnis der ursprünglichen Pracht lässt sich in den Räumen der Bibliothek des heutigen Suermondt-Ludwig-Museums erleben. Cassalettes ehemalige Empfangs- und Wohnzimmer zieren illusionistische Himmelsdarstellungen. Hier schweben verklärt lächelnde Putten und Schwalben in raumgreifenden Deckengemälden. Umrahmt werden sie von reichhaltigen Naturornamenten und verspielt-figürlichen Schmuckformen. In einem der schönsten Lesesäle Nordrhein-Westfalens ist die 55.000 Exemplare starke Kunstliteratur-Sammlung der Aachener Museen untergebracht. Hier kann jedermann in erhabenem Ambiente lernen, forschen, schmökern und – mitschreiben. Denn die Literatur ist nicht zum Mitnehmen: Als sogenannte reine Präsenzbibliothek ist Ausleihe nicht möglich. Anschlüsse für Laptops und ein Kopierer ermöglichen dennoch das »Entführen« des unter den Augen der Puttenengel frisch erworbenen Wissens.

Adresse Wilhelmstraße 18, 52070 Aachen | ÖPNV Bus 3 A / B, Haltestelle Augustastraße / Suermondt-Ludwig-Museum | Öffnungszeiten Di – Do 12 – 18, Fr 12 – 15 Uhr im Rahmen des Museumsbetriebs; während der Abwesenheit der Bibliothekarin bleibt die Bibliothek geschlossen. Anreisenden von außerhalb empfiehlt sich eine kurze Rücksprache per Telefon unter Tel. 0241 / 47980-29 | Tipp Keine fünf Minuten Fußweg sind es bis zur kleinen Café-Oase am ansonsten eher glanzlosen Kaiserplatz: Das »Lokma« ist nicht nur wegen des mediterranen Frühstücks beliebt.

11 Der Bismarckturm

Dickes »B« für den ersten Reichskanzler

Nicht weniger als 240 gemauerte Huldigungen des »Gründervaters« des einstigen Deutschen Reiches wurden zwischen 1869 und 1934 errichtet. So erhielt auch die Stadt Aachen auf Anregung von Studenten der Technischen Hochschule im Jahr 1907 »ihren« Bismarckturm, angelegt auf dem Gebiet des heutigen Waldfriedhofs nahe der Monschauer Straße. Die Bauweise als gekröntes »B« erweist sich im Nachhinein übrigens als absolut einzigartig.

Echter lokaler Bezug ergibt sich aus der Tatsache, dass Otto von Bismarck einige Zeit als Regierungsreferendar in Aachen weilte, sich dann aber – Stimmen sagen, nicht zuletzt auch aufgrund gähnender Langeweile im Job – zunächst auf eine längere Deutschlandreise und schließlich in die große Politik verabschiedete. Während seiner Aachener Zeit hatte sich der spätere Schnauzbart der Nation die Zeit immerhin mit Glücksspiel und diversen Affären halbwegs unterhaltsam vertreiben können.

Viele Jahrzehnte lang war der Turm ein beliebter Aussichts- und Ausflugspunkt, heute ist der Zugang nur noch nach Erfragen des Schlüssels beim Pförtner am Haupteingang des Waldfriedhofs möglich. Der Reiz der Aussicht von der obersten Ebene ist jedoch keinesfalls verloren gegangen. Ein Grund für den weniger freizeitorientierten Charakter des Turms mag die Nutzung des unmittelbaren Umfelds sein. Zu seinen Füßen liegen heute 5.078 Kriegstote aus 16 Nationen begraben, die während des Ersten und Zweiten Weltkrieges in und um Aachen den Tod fanden. Darunter auch viele Bürger der Stadt, die während der mehr als 60 Bombenattacken auf Aachen starben. Bereits im August 1914 waren die ersten Opfer beigesetzt worden.

Auf einer Anhöhe befindet sich außerdem ein kleines Gräberfeld, auf dem jüdische Mitbürger begraben sind. Heute sind dort 16 Grabsteine erhalten, leider sind die Inschriften fast völlig verwittert.

Adresse Waldfriedhof, Eingang Monschauer Straße, 52076 Aachen | **ÖPNV** Bus 11, 21, 36, 46, Haltestelle Waldfriedhof | **Öffnungszeiten** Mo – Fr 8.30 – 16 Uhr, der Schlüssel zum Bismarckturm ist erhältlich beim Pförtner des Haupteingangs Monschauer Straße | **Tipp** Der Waldfriedhof ist vor allem wegen seines reichen Baumbestandes ein stimmungsvoller Ort. Trotz seiner Schwermut erzeugenden Bestimmung: Hier lässt sich hervorragend bei einem Spaziergang über die Welt und ihre Bewohner nachdenken.

12 Die Burg Frankenberg

Vom Rittersitz zur Freilichtbühne

Wäre ja auch zu schön gewesen, wenn der allgegenwärtige Carolus Magnus auch noch für diese Hinterlassenschaft im Aachener Stadtbild verantwortlich gemacht werden könnte. Doch die lange kursierenden Legenden um den Frankenkaiser als Bauherrn der Burg haben sich mittlerweile wissenschaftlich weitgehend erledigt. Dabei spielte der Sagenschatz um den großen Karl eine nicht unerhebliche Rolle, der sich angeblich hier, im heute gründerzeitlich geprägten Vorstadtquartier, auf der Suche nach römischer Bausubstanz als Hobbyarchäologe betätigt haben soll. Sein Lieblingspferd tappte der Sage nach in eine heiße Quelle. Karls schlimmer Rücken meldete sich, und das Gründungsschicksal seiner Kaiserpfalz unweit des heilsamen Wassers war besiegelt.

So weit eine der sagenhaften Versionen. Belegt ist hingegen, dass am Ende des 13. Jahrhunderts auf dem damals unbebauten und sumpfigen Gelände eine erste Burg entstand. Hausherr war ein gewisser Ritter Arnold I. von Frankenberg. Ende des 16. Jahrhunderts verfiel die Burg nach Besitzerwechseln und kämpferischen Jahren zusehends. Nach Renovierungen im folgenden Jahrhundert ging es mit der Substanz noch einmal bergab, ehe ab 1834 der Landkreis Aachen als neuer Eigentümer die Anlage weitgehend in ihrer historischen Form wieder aufbauen ließ. Der letzte bürgerliche Mieter war ab 1897 Flugzeugpionier Hugo Junkers, der hier forschte und wohnte. Kurz zuvor hatte die Burg durch Rückbau umliegender Anlagen ihr heutiges Erscheinungsbild erhalten.

Nach 1945 zog zunächst das Arbeitsamt ein, ab 1961 diente die Frankenburg als Museum der Stadt. Der Park mit dem 2011 endgültig eingeebneten Wasserreservoir entwickelte sich zum grünen Herzen des ab 1872 entstandenen Frankenberger Viertels. Mittlerweile wird die Burg zum Kulturzentrum für das Viertel umgebaut. Die stimmungsvollen Open-Air-Vorstellungen des Aachener DAS DA-Theaters im Burghof bleiben dabei den Mauern erhalten.

Adresse Bismarckstraße 68, 52066 Aachen | ÖPNV Bus 33, 34, 57, Haltestelle Schlossstraße | Öffnungszeiten an Veranstaltungstagen; Informationen unter www.frankenbuerger.de | Tipp Seit Verlagerung der Parkzonen weg vom Grün des Mittelstreifens hat die nahe Oppenhoffallee wieder etwas von ihrem alten Glanz als Flanier- und Prachtmeile zurückerhalten.

13 Die Burtscheider Brücke

Der Weg von Süden führt über Stahl und Beton

Wo heute allein der 1905 erbaute Hauptbahnhof den Zugverkehr regelt, befand sich in früheren Jahren ein weiterer Umschlagplatz, über den der Güterverkehr abgewickelt wurde. Nachdem der Bahnhof Marschiertor im Zweiten Weltkrieg – vermutlich durch gezielte Angriffe – zerstört worden war, veränderte das Areal sein Aussehen. Bereits seit Beginn der Eisenbahnerschließung überspannt eine Brücke die Schienenanlage am Südwestausgang des Bahnhofs. Sie gehört zur Burtscheider Straße, dem wichtigsten Einfallsweg nach Aachen aus dem Süden.

Wie auch die Brückenanlagen an der Schanz, der Kurbrunnenstraße und der Südstraße war dieser Stadtzugang im Oktober 1944 als Hindernis für die vorrückenden US-Truppen gesprengt worden. Während der Schlacht um Aachen hatten Soldaten eines SS-Bataillons dafür gesorgt, dass die amerikanischen Panzer an dieser Stelle ein Hindernis vorfinden sollten. Nur das Mauerwerk der beiden Endpunkte blieb nach dem Krieg erhalten und ist in den Neubau integriert worden. In einer aufwendigen Sanierungsaktion wurde die Brücke im Jahr 2002 um rund anderthalb Meter erhöht, seitdem ruht sie auf erschütterungsresistenten Metallträgern.

An der Südseite führt ein Pfad in Richtung Kamper Straße. Von der dortigen kleinen Brücke hat man besonders in dunklen Stunden einen erhellenden Blick auf den größeren Nachbarn: Seit 2007 werden die weit sichtbaren Stahlbögen nachts von 24 Leuchtstrahlern in Szene gesetzt. Am Beginn der Burtscheider Straße öffnet sich der Blick über die Stadt mit einer gedachten Süd-Nord-Achse über das Marschiertor und den Dom bis hinauf zum Lousberg. Hinter der Kreuzung Krugenofen beginnt die Hauptstraße. Sie war einst Burtscheids steile Prachtchaussee mit schmucker Bebauung und florierendem Geschäftsleben. Leider bereiteten auch hier die Zerstörungen des Krieges dem baulichen Glanz ein Ende, wie an vielen Stellen Aachens und der alten Vorstadt Burtscheid.

Adresse Burtscheider Straße, 52064 Aachen | ÖPNV Deutsche Bahn, Haltestelle Hauptbahnhof; Bus 7, 14, 27, 37, 77, Haltestelle Burtscheid Hauptstraße | Tipp Hungrige Stadtwanderer belohnen sich nach dem kurzen, aber steilen Aufstieg an der Burtscheider Straße am besten mit einem Gyros bei »Jannis Grill« (Kasinostraße 102). Hier lebt die alte Tradition griechischer Restaurants in Aachen auf wenigen Quadratmetern.

14 Die Campus-Baustelle

Ein neuer Stadtteil wächst im Schatten des Klinikums

Mehr als nur ein Erweiterungsbau: Im Schatten des Aachener Uniklinikums entsteht in den kommenden Jahren mit dem Campus-Projekt der Rheinisch-Westfälischen Technischen Hochschule (RWTH) eine der größten Lehr- und Forschungslandschaften Europas auf einer Fläche von insgesamt 800.000 Quadratmetern. Ein ungemein ehrgeiziges Projekt, das mehr als 5.000 Arbeitsplätze schaffen soll.

Ist man dieser Tage in der bislang weitgehend naturgeprägten Region zwischen Gut Melaten, Seffent und Laurensberg unterwegs, spürt man allerorts Bewegung und bauliche Betriebsamkeit. Aus Richtung Melatener Straße gelangt der Neugierige nach Überquerung der Ende 2011 fertiggestellten Campusallee in das alte, bisherige Reich der RWTH-Institute. Hinter ihnen tut sich dann die ganze neue Welt auf: Der Blick auf die gigantische Baustelle ist frei und noch unverbaut. Die Szenerie ist dort derzeit eher von Mond- als von Forschungslandschaft geprägt. Bagger wühlen sich in die ehemals grünen Wiesen. Mit Bauplänen bewaffnete Gummistiefelträger schreiten das eingeebnete Areal ab.

Entlang des eigens errichteten Maschendrahtzauns lässt sich das Gelände auf mehreren Kilometern Länge umrunden. Auf den überall aufgeschütteten Hügeln macht sich roter Klatschmohn breit, der wie eine schmucke, doch letztlich kurzlebige Spontanreaktion der Natur wirkt. Denn de facto entsteht hier bis 2018 ein neuer Stadtteil, samt eigener Infrastruktur mit Hotel, Gastronomie, Service- und Freizeiteinrichtungen. Dazu gehört auch die geplante Campus-Bahn, die das Stadtzentrum mit den Forschungseinrichtungen verbinden soll.

Experten und Aachener Bürger betonten in der Planungsphase immer wieder den Aspekt der sozialen und ästhetischen Verantwortung des Campus-Projekts. Trotz Protesten von Umweltschützern – unter anderem müssen 1.000 Bäume der Bebauung weichen – gab der Rat der Stadt Ende 2009 grünes Licht für das Mammutprojekt.

Adresse zwischen Klinikum und Seffent / Laurensberg, 52074 Aachen | **Anfahrt** A 4, Ausfahrt Laurensberg / Klinikum, Parkplatz Schurzelter Straße | **ÖPNV** Bus 12, 22, 33, Haltestelle Campus Melaten | **Tipp** Das mittelalterliche Gut Melaten (Melatener Straße 97b), eine ehemalige Leprastation, bildet einen historischen Kontrapunkt zum modernen Klinikum und dem neuen Campus.

15 Das Crossgolf Aachen

Immer in den Himmel gucken und vorsichtshalber ducken

Sascha Bien, der Initiator von Crossgolf Aachen, schlägt gern auf ganz hohem Niveau ab. Die Bahn – in diesem Fall das Parkdeck eines Kaufhauses – ist nicht mit dem gepflegten Rasen zu vergleichen, auf dem üblicherweise Golf gespielt wird. Crossgolf spielt man nämlich überall, außer auf einem Golfplatz. Auch wenn es nach ähnlichen Regeln wie Platzgolf gespielt wird, besteht der Reiz vor allem in den abenteuerlichen Terrains, mit zusätzlichen »Handicaps«. Da steht schon mal ein Zugwrack im Weg, das auf dem stillgelegten Bahnhof im belgischen Montzen umspielt werden will. Oder der Ball verschwindet auf Nimmerwiedersehen im Teich vor dem Aachener Spielcasino. Regelmäßig sieht man die Crossgolfer in der City, wo hinter dem Elisenbrunnen oder auf dem Katschhof geschwungen und geputtet wird. Ob rund um den Hangeweiher oder im Stadtpark: Kaum ein Ort, der genug Platz zum Ausholen bietet, ist vor ihnen sicher. Dabei bewegen sie sich keinesfalls im rechtsfreien Raum. Wo die bunte Truppe auftaucht, hat sie vorher behördliche Erlaubnis eingeholt. Die Bälle sind deutlich leichter als normale Golfbälle, das Verletzungsrisiko für Unbeteiligte ist verschwindend gering.

Gern trifft man sich auch außerhalb der Stadtgrenzen. Der Alsdorfer Annapark oder das ehemalige Militärgelände »Camp Astrid« im Propsteier Wald sind ideale Betätigungsfelder. Es stehen aber auch ungewöhnliche Indoor-Locations auf dem Programm. Wer Crossgolf spielt, kommt rum in der Stadt und der Region – und entdeckt sie mitunter aus einer ganz neuen Perspektive.

Jeder kann mitmachen. Hier spielen Profis, die gern mal abseits der offiziellen Courts Bälle dreschen, aber auch überzeugte Spaßgolfer, die die lockere Atmosphäre mögen. Einführungen gibt es gratis direkt bei den Veranstaltungen, und schon kann es losgehen – probeweise auch ohne eigenes Equipment. Eine Stadtführung mit Schlägern und Bällen. Das ist definitiv mal was anderes.

Adresse Eine feste Location haben die Alternativ-Golfer gemäß der Sache natürlich nicht. Wissenswertes und aktuelle Termine finden sich immer unter www.facebook.com / crossgolfaachen | **Tipp** Wer lieber Bälle in klassischen Bahnen schlägt, wird beim Minigolf im Stadtpark glücklich, vor schmucker Parkkulisse täglich geöffnet, die Saison dauert von April bis Oktober.

16 Die Drachenzähne

Stumme Zeugen des Westwall-Wahnsinns

Der amerikanischen Wochenschau waren die Höckerlinien mehr als nur einen Filmbeitrag wert. Mit heroischen Fanfaren unterlegt, kündeten schwarz-weiße Bilder im Herbst 1944 vom Übertritt des Westwalls. In der Propaganda beider Seiten spielten die endlosen Reihen spitz zulaufender Betonstelen samt Bunkeranlagen, die sich vom niederrheinischen Kleve im Norden bis zur Schweizer Grenze im Süden zogen, eine zentrale Rolle. Von den deutschen Erbauern zur ultimativen Verteidigungsanlage hochstilisiert, hatte die US-Führung den Kampfesmut ihrer Truppen vor allem mit der Symbolkraft befeuert, dass die Überwindung den entscheidenden Schritt in das nationalsozialistische Deutschland bedeuten würde.

Dabei entstand der mythisch-martialische Name »Drachenzähne«, der auch stellvertretend für den ganz großen Wahnsinn des Zweiten Weltkrieges steht. Während das Deutsche Reich sich mit dem gigantischen Bau 1938 an den Rand der Pleite befördert hatte, übersprangen die vorrückenden Befreier das Hindernis sechs Jahre später vergleichsweise lässig. Gesprengt oder überschüttet stellten die Höcker kein wirkliches Hindernis dar.

Auch in die grüne und zuvor weitgehend unberührte Landschaft im Aachener Süden pflanzte der Reichsarbeitsdienst ab 1938 die Höckerlinien, Sperrmauern und Bunker. So präsent sie damals waren, so überraschend tauchen die Betonköpfe heute noch an vielen Stellen in der Dreiländerregion auf. Auf Wiesen, in Waldstücken oder in der Nähe der großen und kleinen Wasserläufe rund um Aachen. Nicht wenige Menschen lebten und leben mit ihnen, haben sie sogar notgedrungen in den Alltag integriert. Man findet sie überbaut in Kellern neben Heizkesseln oder grün gestrichen in Vorgärten. Vielerorts hat sich aber auch die Natur ihren Raum zurückerobert. Geschützte Biotope sind zwischen Betonbrocken gewachsen. So haben die Drachenzähne am Ende im Frieden ihre Bestimmung gefunden.

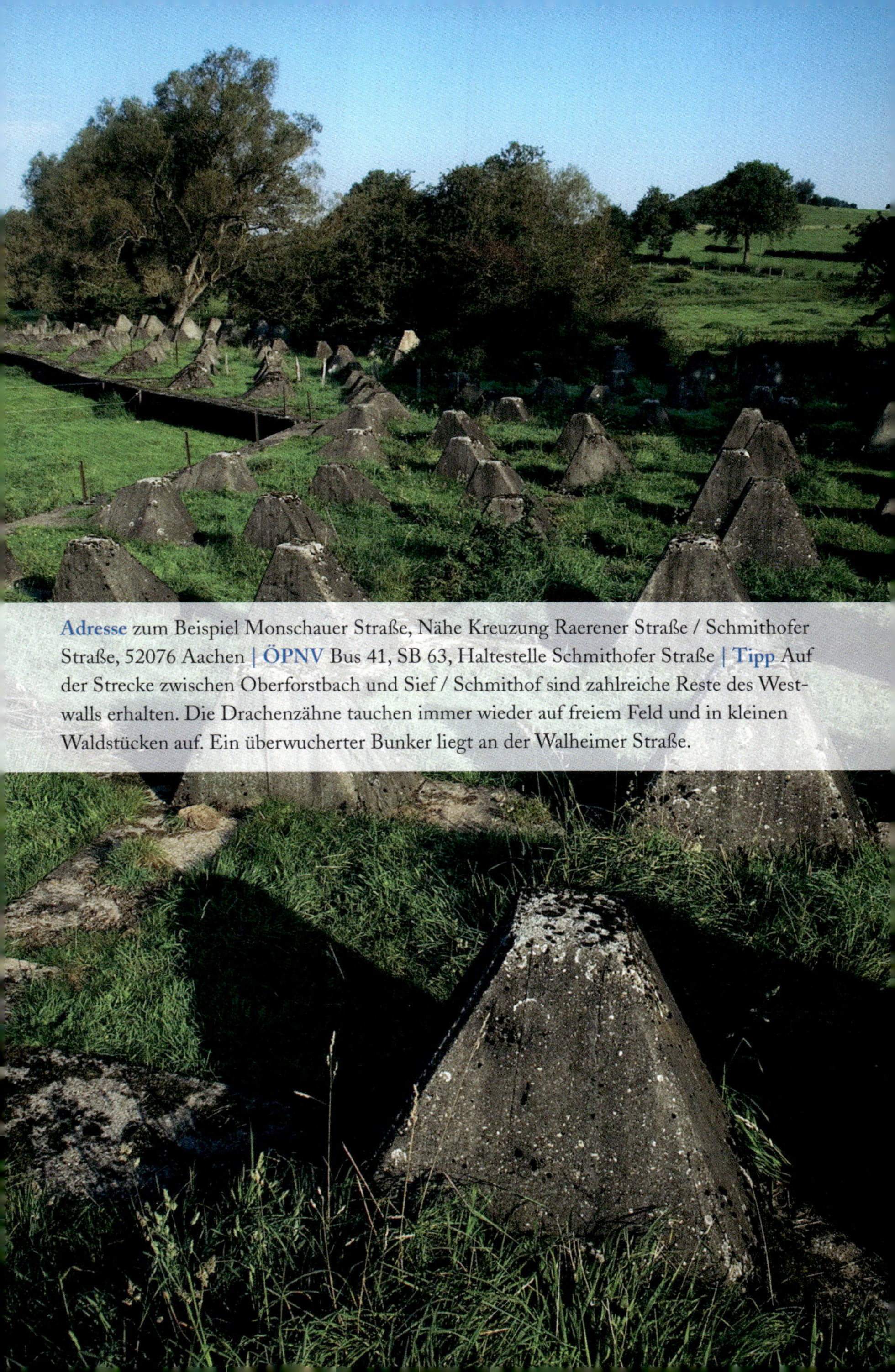

Adresse zum Beispiel Monschauer Straße, Nähe Kreuzung Raerener Straße / Schmithofer Straße, 52076 Aachen | **ÖPNV** Bus 41, SB 63, Haltestelle Schmithofer Straße | **Tipp** Auf der Strecke zwischen Oberforstbach und Sief / Schmithof sind zahlreiche Reste des Westwalls erhalten. Die Drachenzähne tauchen immer wieder auf freiem Feld und in kleinen Waldstücken auf. Ein überwucherter Bunker liegt an der Walheimer Straße.

17 Der Dreiländereck-Skywalk

Der Blick schweifte einst in vier Länder

Ist es der späte Fluch europäischer Kolonialaktivitäten im 19. Jahrhundert? Der 322,7 Meter hohe Vaalserberg ist heute »nur« noch der höchste Punkt des – Achtung – niederländischen Festlands samt der vorgelagerten Inseln. Nicht jedem grenznahen Einwohner des Nachbarlandes dürfte es schmecken, dass man den uneingeschränkten Titel 2010 offiziell an ein unscheinbares, aber zum Königreich gehörendes Eiland namens Saba abtreten musste. Nur die wenigsten werden je persönlich den 877 Meter hohen Vulkan auf der ehemaligen Antilleninsel erklimmen. Anders ist es mit dem Hausberg von Vaals.

Im Juni 2011 wurde der neue Wilhelminaturm eingeweiht, der zehn Meter höher als sein in die Jahre gekommener Vorgänger ist. Die restlos Mutigen unter den Besuchern wagen sich on top auf den Skywalk, der 30,8 Meter über dem Erdboden Schwindelfreiheit einfordert, aber einen atemberaubenden Blick in drei Länder ermöglicht. Bereits seit 1905 steht hier ein Aussichtsturm. Seinem Nach-Nachfolger wurde sogar ein Aufzug zugedacht.

Wo heute zwischen Ausflugslokalen, Spielplätzen und Wanderwegen weitgehend Gemächlichkeit herrscht, erinnert nichts mehr an die Zeiten, als Studenten wilde Partys auf dem Dach der Niederlande feierten. Schon in den 1960er Jahren zog es viele von Aachen ins benachbarte Ausland auf der Suche nach bezahlbarem Wohnraum, der in der Studentenstadt rar war. Sie fanden ihn auch im alten Hotel am Viergrenzenweg.

Bis 1919 übermittelten Postkarten von hier oben übrigens »herzliche Grüße aus Deutschland, Holland, Belgien und Neutral-Gebiet«. Rund 100 Jahre lang bildete ein 344 Hektar großes Länderprovisorium namens Neutral-Moresnet das vierte Stück vom Grenzkuchen, ermöglicht durch Streitigkeiten um Bergbaugebiete nach dem Wiener Kongress. Der nördlichste Grenzstein steht noch heute am Dreiländerpunkt. Von hier erstreckte sich das Gebiet in südöstlicher Richtung bis zum belgischen Kelmis.

Adresse Dreiländerweg, 52074 Aachen | ÖPNV Bus 159 (NL), Haltestelle Drielandenpunt | Öffnungszeiten Der Dreiländerpunkt ist ganzjährig frei zugänglich. Der Eintritt auf den Wilhelminaturm kostet 3 Euro. | Tipp Vom Vaalserberg führen zahlreiche historische Wanderwege in die von wechselhaftem Grenzverlauf geprägte Umgebung. Unter anderem kann man das ehemalige Staatsgebiet von Neutral-Moresnet auf einem beschilderten Weg umrunden und dabei den erhaltenen Grenzsteinen nachstöbern.

18 Der Dresse Nougat

Plombenzieher nach holländischem Rezept seit 1890

Bereits seit einer Ewigkeit werden an der Vaalser Straße Nougat-Spezialitäten produziert, doch erst 2008 haben die Dresses ein echtes Lädchen für den Verkauf eröffnet. 1932 hatte Martin Wilhelm Dresse die Manufaktur übernommen, von ihm stammt auch die Idee der charakteristischen Rautenform. Bis heute sind die »Nougat Blokke« ein regionaler Bestseller, Generationen von Liebhabern der dentalen Herausforderung erfreuen sich an dieser ziemlich einzigartigen Spezialität.

Vor allem in den 1950er Jahren war Nougat aus Aachen ein landesweiter Exportschlager. Aber auch am Stammsitz wurden den Dresses die staniolverpackten Leckereien buchstäblich aus den Händen gerissen, berichtet Martin Dresse, Enkel und Namensvetter des ersten »Nougat-Dresse«. Quasi direkt ab Band wurde verkauft. Und wenn am Wochenende niemand arbeitete, soll die Oma auch schon mal mit dem Körbchen die heiße Ware aus dem Obergeschoss »abgeseilt« haben. In der Hochzeit waren bis zu 15 Mitarbeiter beschäftigt, um nach altem Geheimrezept die wie eh und je in Rot-Grün-Silber gepackten Blöcke zu zaubern.

Die Bezeichnung »Nougatmanufaktur« führt man bis heute völlig zu Recht. Die Herstellung der herrlich harten Plombenzieher spielt sich damals wie heute in den Hinterhofräumen der Vaalser Straße 10 ab, Handarbeit inklusive: Rohmasse verarbeiten, in Form schneiden, verpacken. Gearbeitet wird mit Maschinen, die sich den Namen »Schätzchen« mehr als verdient haben. Einige hätten ihre Altersrente eigentlich schon durch, laufen aber so zuverlässig, dass es keinen Grund gibt, sie auszutauschen. Die heilenden Hände in Sachen Technik hat sich Martin Dresse über viele Jahre angeeignet. Einen Handwerker hat man hier lange nicht gesehen.

Solange es sich lohnt, will man weitermachen, sagt Martin Dresse. Auch der treuen Kunden wegen. Und irgendwie hört sich das hier an der Vaalser Straße nicht bloß wie ein Lippenbekenntnis an.

Adresse Vaalser Straße 10, 52064 Aachen | ÖPNV Bus 4, 24, Haltestelle Jakobsplatz | Öffnungszeiten Mo – Fr 11 – 17, Sa 10 – 13 Uhr | Tipp Im Kühlschrank halten sich die Dresse-Leckereien am besten, außerdem entsteht so eine leichter zu kauende »Bröseligkeit«. Wer es nicht so mit der Aachener Tradition für Hartgebackenes hält, findet sein süßes Glück womöglich in den weichen Printen-Produkten, die überall in der Stadt angeboten werden.

19 Der Eifelsteig

Stock, Stein und jede Menge Gegend

War Wandern jemals out? Spätestens, seit Hape Kerkeling öffentlichkeitswirksam den Jakobsweg entlangstolperte oder Ex-Harald-Schmidt-Sidekick Manuel Andrack per Buchtitel forderte: »Du musst wandern«, scheint die gepflegte Landpartie jedenfalls zu neuen Ehren gekommen zu sein. Mit dem 2009 eröffneten Eifelsteig trägt auch die Region dem zeitlosen Trend Rechnung.

Auf 15 Etappen führt der Weg nicht bloß über Stock und Stein von Aachen nach Trier: Die insgesamt 313 Kilometer durchmessen sattes Grün, karge Venn-Ebenen, alte Siedlungen und dichte Eifelwälder. Er gehört schon jetzt zu den »Top Trails of Germany« – ein Qualitätssiegel für die besten Fernwanderwege. Der hiesige Startpunkt befindet sich in Kornelimünster, rund zehn Kilometer südöstlich des Aachener Zentrums. Ein wenig vom Elan des Eifelsteigs bekommt auch das alte Abteistädtchen ab, ein schmucker Ort, der etliche Sehenswürdigkeiten bietet. Vor dem Einstieg in die erste, 14 Kilometer lange Etappe nach Roetgen lockt Kornelimünster mit viel Geschichte, darunter der Marktplatz mit seinen historischen Wohnhäusern und der alten Propsteikirche, der römische Tempelbezirk Varnenum, die Kunstsammlung NRW und die alte Reichsabtei.

Messingmarkierungen im Pflaster des Ortskerns führen zum Startpunkt des grünen Weges hin, an dessen absolutem Ende die berühmte Porta Nigra wartet. Auch für Einsteiger ins Wandergeschäft ist der erste Abschnitt zwischen Kornelimünster und Roetgen ziemlich ideal. Der Appetit kommt ohnehin beim Laufen oder Radeln, und so trauen sich inoffizielle Tester schnell – und nach einem Übernachtungsstopp – auch die zweite Etappe nach Monschau zu. Überhaupt gibt es auf der gesamten Strecke mehr oder weniger offizielle Anlaufpunkte für Übernachtungsgäste, damit auch der Eifeltourismus etwas davon hat. Und wenn sich dann die Muskeln melden, am besten immer dran denken: »Du musst wandern«.

Adresse Startpunkt ist der Korneliusmarkt, 52076 Aachen | ÖPNV Bus 35, 55, 66, Haltestelle Korneliusmarkt | Tipp Ein Besuch im schmucken Abteistädtchen Kornelimünster lohnt auch ohne Wandertrieb. Ein Zwischenstopp bei der Eisdiele am Napoleonsberg sei hiermit zum Pflichtprogramm erkoren.

20 Die Eissporthalle

Grizzlybären und Schlittschuhdisco im Wellblechpalast

Eislaufen, ein überholter Freizeitspaß? Offenbar nicht. An der Krefelder Straße drehen nach wie vor Tag für Tag Menschen ihre Runden auf glattem Oval. Hier wölbt sich Aachens größte Kühlhalle, und die ist seit ihrer Eröffnung 1982 vor allem eines: zweckmäßig. Viel Blech, eine Eisfläche mit internationalen Maßen, drum herum ein paar Betonstufen und Plastiksitze. Schlittschuhverleih, Spinde für Wertsachen, ein Kneipchen, das Aachens Eisprinzessinnen und -prinzen mit dem Nötigsten versorgt. Immer wieder unken Stimmen, die Halle sei überholt, unzeitgemäß, die Eintrittspreise zu hoch. Doch ein Ende ist nicht in Sicht.

Warum auch? Es gibt hier Traditionen. Der Tag, an dem noch heute die »Eislaufdisco« ihren festen Platz hat, hat sich über die Jahre zum Laufsteg für Aachens Teenager entwickelt, ehe Erlebnisgastronomie oder Großraumtanzschuppen locken.

Weitaus älter ist das unmittelbare Nachbargebäude, das Gut Großstück aus dem 18. Jahrhundert. Im Zuge des Baus der Halle wurde der Hof als Wohn- und Geschäftshaus modernisiert. Nur so konnte das Dreiflügel-Gut überhaupt vor dem Abriss bewahrt werden, mittlerweile steht es unter Denkmalschutz.

Als Schauplatz großer Sportereignisse ist die Halle nie in Erscheinung getreten. Die spielten sich eher weiter östlich ab. Der Eschweiler Eishockeyclub mischte einst in der Zweiten Liga mit, spielte nicht selten vor mehr als 1.000 Zuschauern. Nach dem endgültigen Umzug in die Krefelder Straße gehen die »Grizzlies« in der Regionalliga auf Puckjagd. Beim Buhlen um die Gunst der Zuschauer haben sie es nicht leicht, im Sportpark Soers stehen die Kufencracks klar im Schatten von Fußball und Pferdesport. Ein Hockey-Highlight ist der Uni-Cup, bei dem Studenten und Professoren mehr oder weniger elegant der Gummischeibe nachjagen. Bleibt zu hoffen, dass der Wellblechtunnel seine geradezu entwaffnende Zweckmäßigkeit noch lange beweisen kann.

Adresse Hubert-Wienen-Straße, 52070 Aachen | **ÖPNV** Bus 51, Haltestelle Sportpark Nord | **Öffnungszeiten** Sept. – April Mo 9 – 13 Uhr, Di – Fr 9 – 17.45 Uhr, Sa 10 – 23 Uhr (Eislaufdisco ab 19 Uhr), So 10 – 18 Uhr, bitte Sonderzeiten beachten; außerdem bei Heimspielen der Grizzlies | **Tipp** In den eisfreien Monaten findet auf dem Parkplatz der Halle ein Flohmarkt statt.

21 Die Elisabeth-Halle

Frei schwimmen im Jugendstil

Schon die imposante Eingangshalle zeugt von der Pracht vergangener Tage. Seit der Eröffnung im Juli 1911 empfängt den Besucher hier die Statue des griechischen Heilgottes Äskulap, und die Inschrift »Jugendbrunnens Zauberkraft ist nicht bloße Sage, Jugendfrische gibt das Bad zaubernd alle Tage« gemahnt zu erhaben-sportlicher Betätigung. Hat man dann bei der freundlichen Dame im hölzernen Kassenverschlag seinen Obolus entrichtet, steht der Weg in eines der letzten erhaltenen und bis heute betriebenen Bäder aus der deutschen Jugendstilära offen.

Noch aus der Kaiserzeit und der damals herrschenden Geschlechtertrennung rührt her, dass die Elisabeth-Halle zwei Schwimmbecken beherbergt. Ganz nach Aachener Bädertradition waren auch ein Dusch- und Wannenbad, ein Schwitzbad sowie eine Badegelegenheit für Hunde integriert.

Heute ist nur noch die große Halle mit ihrem 27 mal 12,5 Meter großen Becken für den Betrieb geöffnet. An seiner Stirnseite wacht seit jeher Wassergott Neptun und gießt unablässig Flüssiges in das Becken, welches in den Morgenstunden von gemütlich dahinschwimmenden Rentnern und Schulklassen ebenso fleißig frequentiert wird wie am Abend von sportlich-ehrgeizigen Studenten. Im Vergleich zu anderen öffentlichen Schwimmbädern herrscht in der Elisabeth-Halle jedoch eine geradezu gediegene Atmosphäre. Holzgerahmte Spiegel, verschnörkelte Geländer, Marmorwände für die Umkleidekabinen, die auf zwei Etagen das Becken umgeben: Hier hat das Wort »Badeanstalt« noch seine ursprüngliche Bedeutung.

Der Geräuschpegel in der Elisabeth-Halle ist übrigens auffallend niedrig. Die kirchenähnliche Erhabenheit des Raumes übt offenbar einen besänftigenden Einfluss auf seine Besucher aus. Zieht man unter dem beeindruckenden Gewölbe seine Bahnen, scheint die Zeit stehen geblieben zu sein. Und das ist – in diesem Fall – auch gar nicht so schlecht.

Adresse Elisabethstraße 10, 52062 Aachen | **ÖPNV** Nahezu alle innerstädtischen Busse halten am nahe gelegenen Elisenbrunnen. | **Öffnungszeiten** Mo 6.30 – 18 Uhr, Di, Do, Fr 6.30 – 21 Uhr, Mi 12 – 20 Uhr, Sa 7 – 14 Uhr | **Tipp** Wenn Sie schon einmal hier sind … gehen Sie ruhig mal zum Dom. Er ist einfach Aachens Visitenkarte. Und imposant sowieso. Weitere spannende und abseitige Orte in der Aachener Altstadt bietet außerdem dieses Buch.

22 Der Europaplatz

Das sprudelnde Einfallstor zur Stadt

Gäbe es den kreisrunden Europaplatz nicht, die Autobahn 544 würde ohne erkennbares Hindernis in den Aachener Stadtverkehr übergehen. Halbwegs bildgewaltig umzingeln die Flaggen der 27-EU-Mitgliedsstaaten den großen Brunnen, der mit seinen in der sommerlichen Dunkelheit beleuchteten Wasserfontänen ein durchaus imposantes Bild für die einrollenden Autofahrer aus Richtung Köln und dem benachbarten Ausland hergibt.

Die erste von drei Ausfahrten führt den Autobahn-Ankömmling in die von Arbeiterhäusern gesäumte Joseph-von-Görres-Straße; sie endet an der Jülicher Straße. Der zweite Abweg ist eine gedachte Verlängerung der Autobahn und stößt hinter dem Blücherplatz ebenfalls auf die Jülicher Straße, die historische Ausfallstraße in Richtung Köln. Dort geht es nach links ins Zentrum der Stadt. Ausfahrt Nummer drei mündet in den östlichen Teil der Joseph-von-Görres-Straße und führt in Richtung des alten Arbeiterviertels Aachen-Ost.

An der Südostseite des Kreisels erhebt sich das Europahochhaus, bis vor wenigen Jahren noch nach einem großen deutschen Versicherer benannt, der aber nicht in Aachen beheimatet ist. Der 23 Stockwerke zählende Bau wurde 1974 fertiggestellt und ist Wahrzeichen und Mini-Trabantenstadt zugleich. Unter dem 65 Meter hoch gelegenen Dach leben Menschen am äußersten Tellerrand des Aachener Zentrums. Für die Anonymität der Mietskaserne entschädigt ein besonderer Blick über Stadt und Region – sofern man in den höheren Stockwerken residiert.

Eine der wenigen Aachener Fahrradunterführungen befindet sich nahe dem Europaplatz. 2011 wurde dieser optisch wenig einladende Ort von Aachener Schülern mit Graffiti aufgehübscht. Einen Farbtupfer ganz anderer Art hinterließen am 6. Mai 2008 rund 200 Radfahrer: Bei einer Flashmobaktion umrundeten sie minutenlang unablässig den Europaplatz via Fahrradweg und sorgten so für Verkehrsstaus in allen Ein- und Ausfahrten.

Adresse Autobahnanschlussstelle Europaplatz, 52068 Aachen | ÖPNV Bus 41, 70, Haltestelle Europaplatz | Tipp Fast alle Wohnhäuser rund um den in unmittelbarer Nähe stadteinwärts gelegenen Blücherplatz stehen unter Denkmalschutz. Auf dem Platz selbst befindet sich die ehemalige Königliche Baugewerkschule, die heute die städtische Musikschule beherbergt. Jedes Jahr, meist im September, findet hier ein Musikfest mit Konzertprogramm aus Klassik, Jazz und Pop statt.

23 Die FH am Boxgraben

Einst Webschule, heute Designtempel

Mit Gründung der Aachener Fachhochschule im Jahr 1971 beginnt auch die Tradition der Designer auf mittlerer Höhe der »Rampe« Boxgraben. Der exakte Ursprung dieses Straßennamens verliert sich, anders als bei den vielen nach Persönlichkeiten benannten Wegen dieser Stadt, weitgehend im Dunkel der Geschichte. Ende des 17. Jahrhunderts hieß die ansteigende Straße zwischen Marschier- und dem verschwundenen Jakobstor jedenfalls »Am Bocksgraff«. Den heutigen Namen trägt der Graben seit 1864, vermutlich zurückgehend auf eine alteingesessene wie wohlhabende Familie Buc.

Der Bau mit seiner zweiseitigen Fassade im Stil der Neorenaissance verdankt seine Existenz quasi der Nachwuchsförderung der Aachener Tuchindustrie. Der einstige wirtschaftliche Prunkzweig sorgte für die Finanzierung des 1891 eröffneten Gebäudes, das fortan als Webschule firmierte. Hier waren dank guter technischer und praxisnaher Ausstattung beste Voraussetzungen für die Ausbildung zum Webmeister, Tuchlaboranten oder Textilingenieur vorhanden. Viele Jahre später stand den Studenten der Luft- und Raumfahrttechnik in der ehemaligen Werkhalle ein besonderes Anschauungsobjekt zur Verfügung: Ab 1982 ließ sich ein ausgedientes Jagdflugzeug »G 91« der Bundeswehr bestaunen, ehe »Gina« 2006 ihre letzte Reise zum Luftfahrtmuseum nach Berlin antrat. Der Name »Flugzeughalle« ist geblieben, sie dient als Ausstellungs- und bis vor einigen Jahren auch als Feierraum für die berühmt-berüchtigten Designerpartys.

Zweimal im Jahr präsentieren Absolventen der Studiengänge Kommunikationsdesign und Produktdesign ihre Abschlussarbeiten am Boxgraben. Dann verwandeln sich die Seminarräume und Werkstätten für jeweils ein Wochenende in Ausstellungsflächen für Deutschlands Designnewcomer. Dies sind die Tage, in denen sich das 120 Jahre alte Gebäude so offen wie sonst nie einem nicht studentischen Publikum präsentiert.

Adresse Boxgraben 100, 52064 Aachen | ÖPNV Bus 3 A / 3 B, 13 A / 13 B, Haltestelle Luisenhospital | Öffnungszeiten 8 – 20 Uhr, in der vorlesungsfreien Zeit 8 – 16 Uhr | Tipp Rund 400 Meter oberhalb des FH-Gebäudes stößt man am Boxgraben auf ein Relikt der äußeren Stadtmauer. Der Lavenstein ist einer von fünf erhaltenen Türmen des im 14. Jahrhundert erbauten Verteidigungsrings.

24 Die Forster Linde

Naturdenkmal mit Vollstreckungsauftrag

Der ultimative Senior unter den Bäumen in der Region steht unweit einer alten Straße im Stadtteil Forst, die hinaus in Aachens grünen Süden führt. Hinter der Grundschule an der Lintertstraße erhebt sich die Forster Linde. Der fünfarmige Baumriese hat gute 1.000 Jahre auf der Borke, könnte also Unmengen Geschichten erzählen über das Leben hier draußen vor den verschwundenen Toren der Stadt. Das mit dem Erzählen ist ja so eine Sache, steht man aber einmal im Schatten seiner bis zu 23 Meter hohen Arme, dann spürt man: Hier steht ein Naturdenkmal mit geradezu greifbarer Persönlichkeit.

Bis 1815 hieß der umgebende Ort übrigens noch Schönforst, benannt nach seinen Herren im 13. und 14. Jahrhundert. Seit 1906 ist Forst Stadtteil von Aachen, ein zartes Pflänzchen von Unabhängigkeitsstreben blüht allerdings bis heute in den gehegten und gepflegten »Forst«-Hinweisschildern, unter anderem an der Verkehrsader Trierer Straße.

Im Mittelalter war der besondere Baum Mittelpunkt des gesellschaftlichen Lebens in Schönforst. Solche Dorf- und Gerichtslinden gab es überall im Europa dieser Jahre. Hier wurde gefeiert, getanzt und vor allem gerichtet: Bis 1390 fällte man Todesurteile gleich nebenan am Galgenplatz. Unmittelbar neben dem Baumriesen duckt sich ein altes Gemäuer. Das um 1680 erbaute Schöffenhaus beherbergte bis in die französische Besatzungszeit hinein Gericht und Verwaltung von Schönforst. Später zog die erste Forster Volksschule dort ein, wo sich zuvor Amtsstuben, Kerker und die Wohnung des Gerichtsboten befunden hatten.

Die Forster Linde steht zwar relativ unexponiert abseits der Hauptverkehrswege von Forst, ist aber dennoch allseits präsent in »ihrer« Gemeinde. Etliche Gebäude, Institutionen und sogar ein Sportverein von 1920 sind nach ihr benannt. Und wie selbstverständlich trägt auch die heutige Grundschule an der Lintertstraße den Namen des grünen Methusalems.

Adresse Kirchstraße / Forster Linde, 52078 Aachen | ÖPNV Bus 41, 70, Haltestelle Forster Linde | Tipp Das ehemalige Rathaus von Forst befindet sich rund 10 Minuten Fußweg entfernt, stadteinwärts an der Trierer Straße. Es ist eines der wenigen gemauerten Zeugnisse des früher eigenständigen Stadtteils. Heute beherbergt der rote Bau unter anderem eine Apotheke.

25 Die Fraunhofer-Linien

Im Niederflurbus die verschwundene Stadtmauer entlang

Österreichs Hauptstadt Wien hat ihre Ringlinie, und Aachen hat … nun, immerhin eine Buslinie, die im 15-Minuten-Takt auf dem Alleenring verkehrt. Mit ein wenig Planungsgeschick und der aufmerksamen Lektüre dieses Buches lassen sich so etliche interessante Orte der Stadt im Hop-on-/Hop-off-Verfahren ansteuern.

Historischer Anspruch ergibt sich aus der Tatsache, dass die Linien 3A und 3B dabei weitgehend dem Verlauf des äußeren Rings der zweiten Stadtmauer folgen. Mit dem Citytarif-Ticket des Aachener Verkehrsverbundes ausgerüstet, lassen sich die einstigen Stadtgrenzen im Niederflurbus umrunden. Dabei passiert man auch sämtliche erhaltenen Türme und die beiden verbliebenen Stadttore.

Das Ponttor an der Nord- sowie das Marschiertor an der Südseite des Rings bildeten den Anfang zweier Hauptausfallwege. Sie gehören zu den ältesten erhaltenen Bauwerken der Stadt. Weitere Ausstiegstipps im »mehrwertigen« Fahrplan: Kaiserplatz, Ehrenmal und Hauptbahnhof. An der Haltestelle Schanz befand sich das Jakobstor (Westen), es ist ebenso verschwunden wie das Kölntor an der Jülicher Straße (Osten, Haltestelle Hansemannplatz).

Der Befestigungswall wurde ab Beginn des 14. Jahrhunderts angelegt, um der wachsenden Bevölkerung der Stadt auf einer Länge von rund fünfeinhalb Kilometern Rechnung zu tragen. Zwischen dem inneren Ring, der ab 1172 auf Geheiß des damaligen Kaisers erbauten Barbarossamauer, und dem bis zu zehn Meter hohen äußeren Mauerwerk spielte sich bis ins 19. Jahrhundert fast ausschließlich landwirtschaftliches Leben ab.

Wissenschaftspuristen seien an dieser Stelle mit der informativen Tatsache versorgt, dass Aachens hochschulische Gegenwart und Zukunft ebenfalls auf dem Fahrplan der seit 2009 als Fraunhofer-Linien verkehrenden roten ASEAG-Kutschen liegen. Die Erweiterungsgebiete am Campus Melaten, das Klinikum und natürlich die namensgebenden Institute haben ihren Haltepunkt.

Adresse zum Beispiel ab Haltestelle Hauptbahnhof, 52074 Aachen | **ÖPNV** Linien 3 A / B; die Busse verkehren zwischen 9 und 19 Uhr im 15-Minuten-Takt | **Tipp** Einer von vielen Ausstiegstipps findet sich an der Haltestelle Kaiserplatz. Hinter dem Denkmal von 99-Tage-Regent Friedrich III. liegt das gigantische Areal der Kaiserplatz-Galerie. Ein gewagtes und vor allem umstrittenes Großprojekt, das die Gemüter der Aachener vor allem wegen seiner langjährigen Verzögerung erregte.

26 Die Grabeskirche St. Josef

Urnenruhe am Fluss der Zeit

Das Kolumbarium ist gewöhnungsbedürftig. Wenn man es am bekannten Kirchenbild misst. Nachdem der Rückgang der katholischen Bevölkerung im Aachener Ostviertel eine Zusammenlegung der Gemeindekirchen erforderlich gemacht hatte, wurde der Weg frei für den Umbau der Kirche St. Josef zur ersten Grabeskirche der Stadt. Für das Vorhaben wurden umfassende Renovierungs- und Umgestaltungsmaßnahmen angeschoben, die heute einen stimmigen Ruheplatz in sakraler Umgebung möglich machen.

Seit 2006 plätschert ein schmaler Wasserlauf unablässig durch das Hauptschiff der 1898 eröffneten Backsteinbasilika, die im Allgemeinen nur Josefskirche heißt. Vom ehemaligen Haupteingang bis zum schmucken alten Taufbecken, das heute selbst ein bisschen wie eine riesige Urne stellvertretend für die neue Bestimmung des Ortes wirkt, fließt das Wasser. Im Gewölbe des Hauptraumes hängt zudem ein uraltes Symbol für das Hinübergleiten ins christliche Himmelreich: ein gewaltiges stilisiertes Schiff.

Der Aachener Architekt Ulrich Hahn zeichnet sich für die Neugestaltung einer der bekanntesten Kirchen der Stadt verantwortlich. Diese war vor der nötigen Gemeindeaufteilung 1930 das katholische Zentrum des alten Arbeiterviertels Aachen-Ost. Nur die Älteren erinnern sich noch an die markante Turmspitze des neugotischen Bauwerks, die einst das Wahrzeichen im Stadtrandquartier krönte. Im Zweiten Weltkrieg schwer beschädigt, wurde nach dem Ende des Wahnsinns ein flaches Dach errichtet.

Ein Fixpunkt des Viertels ist die Kirche aber bis heute geblieben. In einer Zeit, in der viele Migranten das bunte Bild von Aachen-Ost prägen und die Zahl der praktizierenden Christen auf etwa 6.500 gesunken ist, hat St. Josef nach fast 100 Jahren »Tagesgeschäft« eine neue und mehr als nur zweckmäßige Bestimmung gefunden. Irgendwann sollen die 310 Betonstreben einmal 1.860 Urnen tragen. Die Flächen können für 20 Jahre gemietet werden.

Adresse Sankt-Josefs-Platz, 52068 Aachen | ÖPNV Bus 2, 12, 22, 23 sowie alle »Fünfer-Linien« von 5 bis 75, Haltestelle Josefskirche | Öffnungszeiten Mo – So 10 – 17 Uhr | Tipp Weitaus weniger erhabene Wasser fließen gleich gegenüber in der Osthalle. Sie schied 1996 aus dem Bäderkomplex der Stadt Aachen aus und wird seitdem von einer Gesellschaft betrieben. Davor toben die drei »laufenden Kinder«, eine Bronzeplastik des Künstlers Bonifatius Stirnberg.

27 Das Gut Hebscheid

Biogemüse aus dem Reich der Kuhfladen

Am Ende der alten Straße »Grüne Eiche«, vor dem wenig erhabenen Hintergrund des Grenzübergangs Lichtenbusch, beginnt die Zeitreise in die Geschichte eines mittelalterlichen Wehrhofs. Hier liegt das alte Gut Hebscheid. Dessen Schornstein markierte einst die Grenze zwischen den Herzogtümern Limburg und Jülich und der Reichsabtei zu Kornelimünster. Im lockeren Duktus der Grenzländer hieß das Anwesen allerdings leicht despektierlich nur »de Vlattekull«. Damit wurde augenzwinkernd der Tatsache Rechnung getragen, dass sowohl die hauseigenen Viecher als auch die der nahen Höfe an den umliegenden Teichen getränkt wurden. Die hinterließen selbstverständlich allesamt ihre »Vlatten«, und somit war der Unterschied zwischen Edelleuten und Bauern zumindest auf Nutztierbasis ein wenig kleiner geworden.

Eine wachsame Katze streift über den Innenhof, in dem sich auch ein Bioladen mit Produkten frisch aus eigenem Anbau befindet. An jedem ersten Sonntag im Monat findet ein Trödelmarkt statt. Im Winter ruht das bäuerliche Hofleben, zumindest, was den täglichen Verkauf angeht. Dann bleibt Zeit für die Pflege der Anlage, deren Ursprung im 12. Jahrhundert vermutet wird.

Bis zur Zeit der französischen Besatzung war Gut Hebscheid neben seiner landwirtschaftlichen Bestimmung auch Herrensitz Aachener Adliger. Mit der napoleonischen Verwaltung war es mit der Herrlichkeit alter Eliten allerdings vorbei, die neuen Besitzer rekrutierten sich aus der aufstrebenden Oberschicht der frühen Industrialisierung in der Region.

Seit der Jahrtausendwende ist die Initiative »VIA Integration« für das Gut verantwortlich. Jetzt leben und arbeiten hier Menschen mit und ohne Behinderung gemeinsam im ökologischen Obst- und Gemüseanbau sowie in der Tierhaltung. Dabei entstehen nicht nur berufliche Perspektiven, es werden auch erfreuliche Erfolge in der Rehabilitation erzielt.

Adresse Grüne Eiche 45, 52076 Aachen | ÖPNV Bus 11, 46, Haltestelle Kohlshof, von dort etwa 10 Minuten Fußweg | Öffnungszeiten Hofladen: Mi – Fr 12 – 18 Uhr, Sa 10 – 14 Uhr, Hofcafé: März – Okt. Sa, So 10 – 18 Uhr; Nov. – Feb. 10 – 16.30 Uhr | Tipp Besonders an den Wochenenden, wenn das Café geöffnet ist, lohnt ein appetitanregender Spaziergang durch die grüne Grenzregion zwischen Lichtenbusch und dem Augustinerwald.

28 Der Haarberg

Friedenskreuz, Streuobst und der Ring um Aachen

Die Soldaten der 1. US-Infanteriedivision waren beeindruckt. Bis zum 8. Oktober 1944 kannten sie den »Crucifix Hill« nur von Militärlandkarten als Höhenzug im Aachener Nordosten. Als sie den windigen Hügel von Haaren erreicht hatten, stellten sie fest, dass sich der beschwerliche Weg nicht nur wegen der taktisch wichtigen Position in der Schlacht um Aachen gelohnt hatte. Die GIs sollten zu den Letzten gehören, die das imposante, elf Meter hohe Steinkreuz aus der Nähe betrachten konnten. Nur einen Tag später wurde es von deutschen Soldaten gesprengt. Zuvor hatten die Amerikaner es als Anhaltspunkt für gezielte Bombenattacken genutzt. Am Ravelsberg bei Würselen wurde der Ring um Aachen schließlich am 16. Oktober geschlossen, der deutsche Kommandant Gerhard Wilck übergab die Stadt weitere fünf Tage später ihren Befreiern.

Heute steht ein neuer, den Umständen entsprechend »Friedenskreuz« genannter Fixpunkt auf dem Haarberg. Das Kreuz hat sogar noch einige Meter mehr, ist dafür schlichter als sein steinerner Vorgänger geraten. Bis heute ist der Blick in den Aachener Talkessel hier nahezu frei und unverbaut, allein gewerbliche Ansiedlung und Wohnbebauung sind etwas näher gerückt. Der einst so umkämpfte Haarberg geht als kleine Naturoase durch, wenn auch die Nähe zur Autobahn 544 den Gesamteindruck ein wenig trübt. Streuobstwiesen ziehen sich bergab, Kühe grasen auf innerstädtischem Landwirtschaftsgebiet. Besonders abends bietet sich hier ein relativ unverbrauchter Panoramablick abseits weitaus höher frequentierter Aussichtspunkte.

Im Mai 2001 wurde die in der Nähe stehende Friedenskapelle dank privater Spenden renoviert und wieder eröffnet. Die gewöhnungsbedürftige Architektur der 1960er Jahre mit dem kleinen Türmchen stellt sich bei näherem Hinsehen als bauliches Kleinod heraus, sprengt sie doch den Gestaltungsrahmen der üblichen Wandererkapellchen.

Adresse auf der Höhe zwischen Kreuzstraße und Lindenweg, 52080 Aachen | ÖPNV Bus 1, 16, 46, Haltestelle Haaren Tonbrennerstraße, von dort rund 10 Minuten Fußweg | Tipp In der Friedenskapelle wird seit vielen Jahren am 24. Dezember die »Alternative Christmette« gefeiert. Um 24 Uhr kommt hier eine besondere Stimmung auf, und das auch bei weniger glaubensfesten Zeitgenossen.

29 Der Hangeweiher

Mit dem Tretboot über den Pau-Stau

Äußerst seltsam waren die Funde, die Ende Dezember 2011 einige Tage lang die Lokalpresse beschäftigten. Im einzigen innerstädtischen Bootsweiher hatten jugendliche Angler drei Geldschränke entdeckt. Offenbar hatten sich Diebe der unliebsamen Begleiterscheinungen ihrer Raubzüge entledigt und dafür ausgerechnet den altehrwürdigen Hangeweiher gewählt. Neben Kleingeld, einer kaputten Uhr und etwas Modeschmuck hat die skurrile Bergungsaktion aber vor allem eins zum Vorschein gebracht: Der 17.000 Quadratmeter große See ist nicht nur für erholungsbewusste Stadtbewohner ein Geheimtipp.

Geradezu brutal idyllisch liegt er im Kaiser-Friedrich-Park. Die gleichnamige Allee begrenzt die Grünanlage an der Südostseite. Sie wurde wie der Park in den Jahren 1908 bis 1910 angelegt. Bei der Auswahl des Baumbestands konnte man seinerzeit auf Ableger aus der Sammlung des Tuchfabrikanten Friedrich von Halfern (siehe Seite 156) zurückgreifen.

Bereits seit Mitte des 19. Jahrhunderts wurde der alte Weiher von Schwimmern genutzt. Mit dem Bau des Parks wurde Aachens einziges und logischerweise ältestes Freibad minimal verlegt, gleich nebenan wurde die bis heute genutzte Anlage gebaut. An öffentliche Schwimmhallen dachte in der Bäderstadt noch niemand.

Sein Wasser bezieht der Weiher seit jeher aus dem am Ronheider Berg entspringenden Paubach. Bereits vor der Nutzung als Naherholungsstätte war er als Regenrückhaltebecken für die in der Umgebung angesiedelte Industrie angelegt worden. Das idyllische Bootshaus und die heute eher schmucklosen Blumenterrassen zeugen noch vom ursprünglichen Ambiente des nach englischem Vorbild angelegten Parks. Die perfekte Umgebung für diejenigen, die das Tretbootfahren, Auf-der-Wiese-Liegen und Spazierengehen hier nicht allein der augenzwinkernd verschrienen Hautevolee des Südviertels oder den Verbindungsstudenten aus den nahe gelegenen Villen überlassen wollen.

Adresse an der Hermann-Löns-Allee, Kaiser-Friedrich-Allee und Aachener-und-Münchener-Allee, 52074 Aachen | **ÖPNV** Bus 2, 11, Haltestelle Goethestraße / Hangeweiher | **Tipp** An der oberen Kaiser-Friedrich-Allee wird der Lauf der Pau bereits vom Tritonenbrunnen gestoppt. Dieser wurde 1923 vom Vorplatz des Hauptbahnhofs hierhin verlegt. Gestaltet wurde der »Wassermann« von Carl Burger, der auch den Neptunbrunnen in der Elisabeth-Halle (siehe Seite 50) kreierte.

30 Das Hauptquartier

Die schrägste Kneipe der Stadt, des Landes – des Planeten?

Wenn man so will, unterhält der Künstler Wilfried Tertin seit 30 Jahren eine Dauerausstellung in der Promenadenstraße 46. Seine wechselnde Gestaltungsarbeit prägt das Erscheinungsbild einer Bar, die seit ihrer Eröffnung 1982 zu den außergewöhnlichsten Orten zählt, die Aachens Kneipenszene zu bieten hat. Wohl nicht wenige Eltern haben in den vergangenen drei Jahrzehnten ihren Nachwuchs vor einem Besuch dieser waschechten Rock-'n'-Roll- und Punkrock-Kneipe gewarnt. Das mag aber vor allem daran gelegen haben, dass in den 1980er Jahren halblegale Bordelle und finstere Kneipen die Szenerie in der Promenadenstraße bestimmten. Wenn sich auch das Gesicht der Straße in den letzten Jahren merklich gewandelt hat, der nicht immer gerechtfertigte Ruf des Verruchten hängt ihr nach.

Bis heute sind die 55 Quadratmeter an der Ecke Borngasse vor allem Anlaufstelle für Szenefreaks, Künstler, Musiker und Nachtgestalten aller Couleur. Aber auch die Oma aus dem Nachbarhaus, japanische Gaststudenten und selbst hochrangige Beamte der Ordnungsmacht geben sich hier Klinke und Bierglas in die Hand. Aus dem bunten Kreis der szenigen Kundschaft rekrutiert sich seit jeher auch die Mitarbeiterschaft. Herrin über Aachens Nachtschattengewächse war von Anfang an Wirtin Maria, bekannt für ihr resolutes Zupacken bei allzu renitenten Trunkenbolden. 2004 hat sie die Zapf-Geschicke an einen ihrer langjährigen Stammgäste und späteren Mitarbeiter abgegeben.

Zwischen Krachkonzert, Kunst und Karaoke bekommt hier jeder sein Bierchen serviert, der sich mit den ungeschriebenen Gesetzen des Ladens anfreundet. Und die besagen in erster Linie, dass Sexismus und Faschismus keinen Platz haben. Berührungsängste, mitunter auch im wahrsten Wortsinn, kennt man ansonsten im Hauptquartier nicht. Apropos Karaoke: Eine maximal ungeschönte Interpretation des japanischen Playback-Trendsports wird hier monatlich zelebriert.

Adresse Promenadenstraße 46, 52062 Aachen | **ÖPNV** Bus 2, 3 A / B, 12, 13 A / B, 22, 43, 68 sowie alle »Fünfer«-Linien, Haltestelle Kaiserplatz | **Öffnungszeiten** täglich ab 21 Uhr geöffnet, Mo geschlossen | **Tipp** Der Rehmplatz – mitsamt Kinder-Lauftrommel und historisch konnotierter Säule – ist nur wenige Gehminuten entfernt und öffnet das Tor in Richtung Aachener Nordosten.

31 Das Haus Grenzwacht

Einst bauliche Sensation, heute regiert die Verwaltung

Trotz exponierter Lage und nicht zu verleugnender Mächtigkeit: Der unter dem Namen Lochner-Haus geplante und später als Haus Grenzwacht fertiggestellte Blockbau am Aachener Hauptbahnhof führt ein relatives Schattendasein. Zwar eilen täglich tausende Menschen von und zu den nahen Gleisen oder gar in eine der hier beherbergten Behörden. Kaum jemand scheint jedoch einen Blick für das zehnstöckige Ungetüm übrig zu haben, das in den bewegten Jahren seiner Entstehung zwischen 1924 und 1930 als eines der ersten Hochhäuser Deutschlands für Furore sorgte. So galt die Bauweise mit Stahlskelett nach amerikanischem Vorbild als echte Sensation und hierzulande ziemlich einzigartig.

Bewegt aber auch deshalb, weil der Bau vor Fertigstellung traurige Berühmtheit als größte Investitionsruine des Landes erlangte: Finanzielle Probleme ließen das Projekt mehrere Jahre auf Eis liegen, nachdem der vom Aachener Architekten Emil Fahrenkamp geplante Stahlrahmen 1925 fertiggestellt war. Haus Grenzwacht sollte ursprünglich belgischen Besatzungstruppen als Verwaltungsstandort dienen. Wo zuvor noch Fuhrwerke eine Art Wiener Eleganz versprüht und eine Grünfläche zur Entspannung eingeladen hatten, fristete jetzt das nackte Gerippe ein tristes Dasein. Erst mit neuem Bauherrn und dem modifizierten Entwurf von Hochhauspionier Jacob Koerfer kam 1929 wieder Leben in die unfertige Bude.

Überragend ist seit eh und je der 40 Meter hohe Turm, auf dem die 1958 installierte Wettersäule mehr oder weniger zuverlässig die meteorologische Zukunft voraussagt. Im flacheren Gebäudeteil residierte bis in die Weltkriegsjahre hinein ein Kino mit sage und schreibe 1.036 Plätzen samt gigantischer Orgel sowie ein Restaurant. Nach dem letzten umfassenden Umbau im letzten Jahrzehnt lockt heute immerhin wieder eine Kantine mit appetitlichen Preisen auch ganz unbürokratische Kundschaft in die Verwaltungstrutzburg.

Adresse zwischen Römerstraße und Hackländerstraße, 52064 Aachen | ÖPNV Deutsche Bahn; Bus 1, 3 A / B, 11, 13 A / B, 21, 46, 50; SB 63, jeweils Haltestelle Hauptbahnhof | Öffnungszeiten Bürgerservice: Mo, Mi 8 – 18 Uhr, Di, Do, Fr 8 – 12.30 Uhr | Tipp An der dem Bahnhofsplatz zugewandten Kopfseite kündet eine Infotafel von der grausamsten Ära des Hauses: Zur Zeit des Nationalsozialismus befand sich hier das Gesundheitsamt, das unter anderem Zwangssterilisationen anordnete und Urteile über »minderwertiges Leben« fällte.

32 Henger Herrjotts Fott

Nachbarschaftspflege hinterm Hintern des Herrn

Schon 1792 befand sich hier, am oberen Drittel der Wirichsbongardstraße, ein Holzkreuz. 1897 errichteten die engagierten Viertelbewohner an gleicher Stelle ein neues »monumentales Kreuz«, wie es in den städtischen Unterlagen heißt. So hatten sie ihren Platz als Mittelpunkt des Viertels nun also buchstäblich in Stein gemeißelt. Schon damals wurde die dahinterliegende Häuserzeile schnoddrig-liebevoll »Henger Herrjotts Fott« genannt – hinter dem Allerwertesten des Herrn eben. 1941 ließen die Nationalsozialisten die imposante Kreuzigungsgruppe entfernen, unter dem fadenscheinigen Vorwand, hier einen Feuerlöschteich anlegen zu wollen.

Die Bürgergemeinschaft Henger Herjotts Fott e.V. gründete sich 1986 mit dem Ziel, neben der Wiederbelebung des Viertellebens auch die alte Tradition des Kreuzes zu erneuern. Am 27. August 1989 wurde dank zahlreicher Spenden die vom Künstler Bonifatius Stirnberg geschaffene neue Kreuzigungsgruppe feierlich eingeweiht.

Zuvor tobte hier bis in die 1980er Jahre das Aachener Nachtleben: Als in der heutigen Feiermeile Pontstraße noch bürgerliche Gaststuben die Szenerie bestimmten, war die Wirichsbongardstraße so etwas wie das Bermudadreieck in Sachen wilder, studentischer Kneipenkultur. Zeitzeugen schwärmen noch heute vom »Why Not« oder dem »Bimmelbähnchen« mit seiner aus Straßenbahnrelikten zusammengeschusterten Einrichtung. Einziges Überbleibsel ist der ehemalige Club »Ritz« (heute »Nightlife«), dessen Klientel in den vergangenen Jahren so oft gewechselt hat wie die kreativen Kopfbedeckungen des Betreibers.

Mit der fortschreitenden Verlagerung der Kneipenszene in Richtung Univiertel traten auch die Verfechter für ein neues Wegekreuz an alter Stelle auf den Plan – mit Erfolg. Seit 2003 führt der Platz jetzt auch endlich den Namen, den ihm die Öcher doch schon so viele Jahre zuvor verliehen hatten: Henger Herrjotts Fott – jetzt mit amtlichem Straßenschild.

Adresse Henger Herrjotts Fott, 52062 Aachen | ÖPNV Bus 7, 27, 33, 34, 37, 57, 77, Haltestelle Theater | Tipp Der Aachener Bildhauer Klaus Schmetz installierte 1987 mit seiner Plastik »Drei Figuren« auf dem nahe gelegenen Suermondtplatz ein bis heute gültiges Symbol alltäglicher Begegnung und Begebenheiten.

33 Die Herz-Jesu-Kirche

Alles neu im Öcher »Sacré-Cœur«

Der Vertreter des Herrn war sichtlich beeindruckt. Im Dezember 2006 zelebrierte Aachens Bischof Heinrich Mussinghoff den Festgottesdienst zur Wiedereröffnung der Herz-Jesu-Kirche im Frankenberger Viertel. Und war sich in der Wahrnehmung mit zahlreichen seiner Schäfchen einig: »So schön war Herz Jesu noch nie!« Dieser Weihetitel scheint übrigens im Westen der Republik besonders beliebt zu sein: In Nordrhein-Westfalen gibt es die meisten Kirchen für das flammende Dornenherz.

Mit ihrer Insellage auf der Höhe am oberen Ende der Viktoriaallee hat die zwischen 1908 und 1910 erbaute Herz-Jesu-Kirche einen echten Ehrenplatz im Viertel, liegt sie doch auf dem nicht genau verorteten, dennoch namensgebenden Frankenberg. Aachens »Sacré-Cœur« ist ein neoromanisch-byzantinischer Bau, der als »Filialkirche« der alten Gemeinde Sankt Michael in Burtscheid entstand. Die hiesigen Gotteshäuser waren schlicht zu klein für die vielen Gläubigen, die seit Entstehung des Frankenberger Viertels als Reißbrettsiedlung in die Kirchen strömten. Herz Jesu ist heute Teil der »Supergemeinde« Sankt Gregor von Burtscheid mit ihren insgesamt vier Kirchen.

Tatsächlich hat die kompakte Kirche seit dem Umbau etliche Ambientepunkte gutgemacht. Ein neues Lichtarrangement setzt den Innenraum mit seiner schmuck-schlichten Ausstattung stimmig in Szene. Der in katholischen Sakralbauten mitunter herrschenden »Düsternis« wird man in Herz Jesu kaum anheimfallen. Großzügige Fenster lassen mehr Tageslicht als andernorts zu. Sakramente und Gottesdienste werden bei freundlicher Illumination abgehalten.

Passend zum Umbau der Kirche wurde bis 2011 auch die zu Füßen liegende Viktoriaallee einem umfassenden Lifting unterzogen. Die Umbaumaßnahmen stießen auf breite Zustimmung der Bevölkerung, wurden doch Alleecharakter und Verkehrsbedingungen stimmig kombiniert.

Adresse Viktoriaallee 51, 52066 Aachen | **ÖPNV** Bus 33, Haltestelle Frankenberg | **Öffnungszeiten** täglich 7 – 18 Uhr | **Tipp** Hinter dem alten Eisenbahntunnel gegenüber der Kirche führt eine Treppe hinunter zum ehemaligen Schienenstrang, der den Moltkebahnhof mit den Gleisen von Aachen-Rothe Erde verband. Heute befindet sich dort ein renaturierter Weg, der bis zur neuen Gesamtschule und den Restanlagen des alten Bahnhofs führt.

34 Das Hotel Europa

Ein Stückchen Kiez in der Südstraße

In den Räumlichkeiten des vormaligen »Parkside«-Clubs eröffnete 2010 mit dem Hotel Europa das jüngste Kleinod der Aachener Alternativ-Party-Szene: eine Art Systemgastronomie in Omas Blümchentapete gehüllt. Mit dem Konzept des neuen Betreibers, der einst als »Metzgermode«-Händler in der schrägen Boutique »Kopfsülz« gleich gegenüber tätig war, erwartet den Besucher eine Mischung aus Berlin-Friedrichshainer Szenespelunke und gnadenlos verkitschtem Wohnzimmer. So weit, so unbescheiden, so spannend, so treffend. Der Kiez Südstraße ist (noch?) Utopie, er entwickelt sich hier allabendlich neu. Ob im stickig-stimmungsvollen Tanzkeller oder im liebevoll dekorierten Abhängbereich im Erdgeschoss.

Ein Versuch, Hauptstadtgefühle in den äußersten Westen zu verpflanzen? Mitnichten. Vielmehr geht es dem Macher um die Entwicklung urbaner Lebens- und gleichzeitig Ausflipp-Räume, die man aber nicht kopieren könne. Was man hat, ist eine Art chaotisch-charismatisches WG-Feeling, wie es sich eben nicht mal eben für ein ganzes Viertel aus dem Boden stampfen lässt. Stattdessen: Hotel Europa, die kleine Urbanisierung am Wochenende. Man will dabei keine trashige Ballerbude sein. Einschlafen soll aber auch keiner, so lautet die Maxime.

Dazu greift ein Musik- und Partykonzept mit viel Balkansound, Gypsy, Klezmer, Funk. Wenn elektronisch, dann bitte charmant. Wenn Trash, dann bitte scheckheftgepflegt aus erster Hand und als schaurig-kitschiges Accessoire. In mühevoller Sammelarbeit wurde ein ganzes Arsenal von hübsch-hässlichem Tinnef zusammengetragen, der nun in den ebenerdigen Räumen zur Geltung kommt und Ambiente schafft. Der Tanzkeller, seit Bebop-Zeiten ab 1979 bekannt für sein charmant-ranzig-verruchtes Ambiente, wurde ebenfalls einer Schönheitskur unterzogen. Das dürfte auch älteren Semestern gefallen, denen der Laden lange Jahre liebste Feierheimat gewesen ist.

Adresse Südstraße 54, 52062 Aachen | ÖPNV Bus 1, 2, 3 A / B, 5, 11, 13 A / B, 14, 16, 21, 46, 53, Haltestelle Misereor | Öffnungszeiten Mi, Do 20 – 3 Uhr, Fr, Sa 20 – 5 Uhr | Tipp Zum Krafttanken für eine lange Feiernacht im Hotel Europa lohnt sich in den Sommermonaten ein Besuch des herrlich verwilderten Parks am Alten Klinikum (10 Minuten Fußweg entfernt in der Goethestraße).

35 Die Hotmannspief

Vier Jungfrauen für den Hauptmann?

Die Sandkaulstraße – ein schmales Gässchen? Die heute eher unscheinbare Alexanderstraße als Hauptverkehrsader Richtung Kölntor? Nicht anders sah es aus, als der Blaustein-Obelisk als Ersatz für ein recht schmuckloses Becken mit pfeifenähnlichem Aufsatz als Wasseraustritt aufgestellt wurde. Das war 1825, im Jahr 1830 kamen die vier vergoldeten Gusseisenreliefe mit Frauenabbildungen hinzu, von den Aachenern flugs zu »Jungfrauen« erkoren. Der Bereich zwischen der alten »Sankel« und dem Seilgraben hat sich seitdem gewandelt.

So stand der vom Stadtbaumeister Leydel gestaltete Obelisk damals als ziemlich zentrales Bauwerk in der Mitte einer Art Kreisverkehr, um den später auch die Straßenbahn kurvte. Zu dieser Zeit hatte auch die Alexanderstraße noch etwas mehr von ihrer Bedeutung inne, die sie nach dem Zweiten Weltkrieg endgültig an die breit angelegte Peterstraße abgeben musste.

Wie aber kam die Hotmannspief zu ihrem Namen, der zwar lässig von Jung und Alt ausgesprochen, jedoch kaum bedacht wird? Mit dem Zieraufsatz am alten Trinkbrunnen lässt sich die eine Hälfte des Namens halbwegs entschlüsseln. Pief gleich Pfeife, und die gab es nahezu an jedem Laufbrunnen im alten Aachen. Aber wie kommt der »Hauptmann« ins wässrige Spiel? Heimatforscher vermuten den Ursprung in ähnlich klingenden Namen wie Hupmann oder eben Hotmann. In Aufzeichnungen von 1460 ist auch von einem Brauhaus »up den Hupman« die Rede, ein Brunnen ist gar schon 1334 vermerkt.

Ob Unternehmen, Haus oder Familie: Wer auch immer Pate stand, hat einen knackigen Beitrag zur Aachener Denkmalgeschichte geleistet und obendrein Aachens Mundart-Barden beflügelt. Der Brunnen wie auch das Viertel, in dem er steht, sind immer wieder in Liedern besungen worden. Dabei spielten auch die geheimnisvollen Damen immer wieder eine Rolle. 2008 wurden sie, wie der Obelisk, einem intensiven Lifting unterzogen.

Adresse Alexanderstraße / Sandkaulstraße, 52062 Aachen | ÖPNV alle innerstädtischen Busse halten am nahen Bushof | Tipp An der Hotmannspief starten auch die spannenden Nachtwächterführungen. Der »Lühtemann« erzählt auf seinem abendlichen Rundgang von den Umtrieben und Untaten der Aachener, aber auch Wissenswertes über historische Gebäude; Informationen im Internet unter www.nachtwaechter-aachen.de.

36 Der Jahnplatz

Verkehrsknoten mit sehenswertem Hinterland

Eigentlich ist er ja nur einer dieser Verteilerknotenpunkte, wie sie der äußere Verkehrsring alle paar hundert Meter offenbart. Aus Neugierde angehalten haben hier sicher bislang die wenigsten. Dabei hat der Verbindungsbereich zwischen Eupener Straße und Luxemburger Ring tatsächlich im direkten Umfeld mehr zu bieten, als der Richtung Belgien oder Innenstadt eilende Autofahrer auf die Schnelle vermuten mag. Hier, mitten im alten Bezirk Steinebrück, befindet sich neben dem Einstieg in den Aachener Stadtwald auch etliches Sehenswertes. Man muss es eben sehen wollen.

Da ist vor allem die 1967 geweihte Gregoriuskirche, die mit ihrer markanten Optik die ansonsten recht schlichte Bebauung drum herum auflockert. Ist der Jahnplatz im Herbst und Winter nicht selten eine graue Verkehrskreuzung wie so viele andere, sorgt der postmoderne katholische Kirchenbau an sonnigen Tagen für optischen Glanz. Die Hanglage ausnutzend, hat Architekt Stefan Leuer hier zwei Kulträume übereinander verwirklichen können – oben groß, unten klein. Die wenigen und kleinen Fenster sind mit Texten in Blindenschrift gestaltet. Im dahinterliegenden Pfarrhaus steigen seit den frühen 1970er Jahren die in halb Aachen legendären »Eismühle«-Partys.

Wer sonntags von einer Tour durch den Wald kommt oder den ersten Metern der Wurm bei Diepenbenden gefolgt ist, genießt beim Besuch des Café Middelberg neben der Kuchenauswahl auch noch eine Gratislektion Alt-Aachener Kaffeehauskultur. Hier geht noch reichlich »Öcher Spröch« über die Lippen. Apropos Alt-Aachen: Mit dem Sportplatz am Chorusberg und dem gleichnamigen Restaurant an der Eupener Straße 194 liegen gleich zwei weitere traditionsreiche wie grundverschiedene Anlaufstellen in unmittelbarer Nähe. Hier bewegt man sich in einem der ältesten Aachener Sportvereine, dort speist man noch in rar gewordener, »gutbürgerlicher« Atmosphäre.

Adresse an der Kreuzung Eupener Straße und Luxemburger Ring, 52066 Aachen | **ÖPNV** Bus 7, 14, 27, 37, 77, Haltestelle Jahnplatz | **Tipp** Der Stauweiher Diepenbenden lädt zur Umrundung ein. Er dient seit 1960 dem Aachener Modellbootclub als »Fahrwasser«. Während der Saison kann man die Mitglieder bei sonntäglichen Modellbootfahrten vom hiesigen Ausflugslokal aus beobachten.

37 Der jüdische Friedhof

Für die Grabpflege fehlen oft die Nachkommen

Die Mauer an der Lütticher Straße erstrahlt in frischem Weiß. Sie umgibt einen der wenigen in einem Stadtgebiet erhaltenen jüdischen Friedhöfe in Deutschland, die bereits im 19. Jahrhundert angelegt wurden.

1822 wurde die Ruhestätte eröffnet. An vielen Steinen haben die Jahre genagt, der Aachener Regen hat die Buchstaben und hebräischen Inschriften verwaschen. Einer trägt ein Sterbedatum von 1829, es sollen aber auch ältere erhalten sein. Bei denen, die sich noch entziffern lassen, finden sich Namen, die heute nicht mehr in den Aachener Adressbüchern auftauchen. Viele der Nachkommen sind ab 1933 aus der Stadt geflohen oder wurden auf eine ungewisse Reise verschleppt, an deren Ende nicht selten der Tod wartete. Nur noch rund 300 Mitglieder soll die jüdische Gemeinde Aachens nach den grausamen Jahren des Holocaust gezählt haben. Die meisten der hier Bestatteten wurden allerdings noch zu einer Zeit beigesetzt, als der nationalsozialistische Völkermord noch in weiter Ferne lag. Um die ungezählten historischen Grabstätten kümmert sich heute ein konfessionsübergreifender Förderverein.

Schlichte Blechschilder erinnern an diejenigen, die in den Jahren 1941/42 im Sammellager am Grünen Weg ihr Leben verloren haben. Rund 1.000 Menschen waren hier interniert, einige starben, noch bevor sie einen der Züge in die Vernichtungslager besteigen mussten. Sieben Transporte sollen es gewesen sein, die Aachen in Richtung Osten verließen.

Die jüngeren Grabsteine im hinteren Bereich, wo Efeu und Ulmen noch licht sind, tragen kyrillische Inschriften. Russische Einwanderer prägen seit den frühen 1990er Jahren die jüdische Gemeinde, die nach eigenen Angaben heute rund 1.500 Mitglieder zählt. Einige Steine sind mit Porträts der Verstorbenen geschmückt. Scheinbar wahllos zurückgelassene Plastikstühle künden vom Innehalten der Trauernden.

Adresse stadtauswärts auf der linken Seite der Lütticher Straße, vor der Einmündung Körnerstraße, 52064 Aachen | ÖPNV Bus 4, 24, Haltestelle Jüdischer Friedhof | Öffnungszeiten Mo – Fr in der Regel bis Einbruch der Dunkelheit | Tipp Nahe dem kleinen Durchbruch in der Mauer, hinter der die Gräber aus jüngerer Zeit in einer Art Anbau liegen, steht das wuchtige Grabmal der Familie Meyer. Es ist ein Zeugnis alter Pracht, ebenso ein Mahnmal für das Leid, das der jüdischen Gemeinde zur Zeit des Nationalsozialismus widerfuhr.

38 Das Justizzentrum

78 Millionen für die Aufhübschung von »Moulenshöh«

»Wer einmal in Aachen war, der findet es wunderbar«, heißt es in einem regionalen Karnevalsschlager. Wohl niemand dürfte rückblickend weniger mit dieser Textzeile anfangen können als diejenigen, die ab 1874 an der alten Straße nach Trier »gesessen« haben. Die Aachener gaben ihrem Knast am Adalbertsteinweg bald schon den Beinamen »Moulenshöh«. Was nach Öcher Mundart in etwa auf die Gegend hinweist, wo sich das Gesindel aufhält. Hier wurden auch Todesurteile vollstreckt, die dafür nötige Guillotine lieh sich die Aachener Justiz in Köln oder Koblenz. Heute hält immerhin noch eine Karnevalsgesellschaft den Namen lebendig.

Zwischen 2004 und 2008 hat sich die einstige »Königliche Haft- und Strafanstalt« in ein modernes Justizzentrum verwandelt. Nach der endgültigen Verlegung der letzten Insassen in den neuen Haftkomplex an der Krefelder Straße wichen die alten Gebäude drei Neubauten, in denen neben den Gerichts- und Verwaltungseinheiten auch die Staatsanwaltschaft ihren Platz auf den 40.000 Quadratmetern gefunden hat. Für echtes Flughafenfeeling sorgen die scharfen Eingangskontrollen.

Geblieben ist von »Moulenshöh« nur die alte Torburg am Adalbertsteinweg, hinter der sich der vom Berliner Architekturbüro Weinmiller gestaltete Komplex mit seinem lichtdurchfluteten Atrium erhebt. Zum Neubau gehört auch ein leider recht blasser Park, der ungefähr dort liegt, wo früher Untersuchungshäftlinge und Langzeitinsassen ihre Runden drehten. Dass sich das ebenfalls neu entstandene Parkhaus mit der sehenswerten Wortkunst-Fassade farblich an die alte Backsteinbauweise anlehnen soll, darf als rosaroter Vergleich des Architekten gewertet werden.

Wer etwas von der alten »Königlichkeit« spüren möchte, sollte sich im alten Gerichtstrakt zwischen Kongressstraße und Adalbertsteinweg mit seinen kunstvollen Trinkbecken, säulengesäumten Wartebereichen und schweren Türverzierungen umsehen.

Adresse Adalbertsteinweg 92, 52070 Aachen | ÖPNV Bus 2, 12, 22, 23, 43 und alle »Fünfer«-Linien von 5 bis 75, Haltestelle Josefskirche / Justizzentrum | Öffnungszeiten Mo – Do 8.30 – 16 Uhr, Fr 8.30 – 15.30 Uhr | Tipp In der Kongressstraße, an der auch das seitliche Portal des alten Gebäudeteils liegt, wurde ein alter Weltkriegsbunker aufwendig und sehenswert zum Wohnhaus umgebaut.

39 Das Kaffeekännchen

Rührei wie bei Muttern, serviert im Plastik-Schick

Eigentlich haben sie ja schon die Rente durch. Doch die Brauns fällten den Entschluss, ihre Sammelleidenschaft mit der Öffentlichkeit zu teilen und gleichzeitig noch ein gutes Werk zu tun: ihre bekannten und unbekannten Lieben mit feinem Hausmacherfrühstück und leckerem Kuchen zu versorgen. Die Sammlerschwäche der Chefin ist unschwer an unzähligen Kaffeekannen zu erkennen, die jede erdenkliche Fläche schmücken.

Den Firmenzusatz Stehcafé führt das »Kaffeekännchen« eigentlich völlig zu unrecht. Platz wäre ohnehin kaum, die wenigen Tische und Stühle nehmen den schmalen Platz bereits ausgiebig ein. Außerdem würden die Steher womöglich nur mit dem Hintern eines der unzähligen Porzellanerzeugnisse umstoßen, die dem Laden den Namen gaben. Wer das Glück hat, den schmalen Platz neben der altersschwach brummenden Kühltheke zu ergattern, bekommt die ultimative Katzentisch-Atmosphäre einer Alt-Aachener Kaffeetafel gratis zum rustikalen Frühstück serviert.

Der kleine Gastraum hat ohnehin eher den Charakter einer öffentlichen Wohnküche als den einer gewinnorientierten Futterstation. Wer das »Kaffeekännchen« nicht kennt, muss es finden. Im Torbogen der alten Pferdestation an der Neupforte haben sich die Brauns niedergelassen, gegenüber liegt der Weinladen von Andreas Busche. Fast scheint es so, als hätten sie ihre Nachbarschaft gleich mitgebracht. Hier kennt man sich, hier springt man auf ein »Wie isset mit dich?« vorbei und bleibt auf einen Kaffee oder eine schmackhafte Portion Rührei.

Örtliche Tradition hat das Kaffeekännchen nicht zu bieten. Dazu ist das Café noch zu jung. Die Historien und Histörchen kommen von den Stammgästen, die Gelegenheitsbesuchern manch tiefen Einblick in die Öcher Seele ermöglichen, ohne dies vermutlich »für mit Absicht« zu tun. Aber es gibt nun mal Stimmen, die kann man nicht überhören. Und manchmal will man es auch gar nicht.

Adresse Neupforte 24, 52062 Aachen | **ÖPNV** Bus 7, 27, 33, 47, 77, 147, Haltestelle Minoritenstraße | **Öffnungszeiten** Mo – Fr 6.30 – 16 Uhr, Sa 7.30 – 14 Uhr | **Tipp** Gleich um die Ecke an der Einfahrt zum Parkhaus Minoritenstraße befindet sich ein seltener Rest der Barbarossamauer. Der innere Stadtring Aachens stammt aus dem 12. Jahrhundert.

40 Die Kaisersruh

Traurige Aussicht im Zarenquartier

Der weit gereiste Gast dürfte die Aussicht trotz seiner gewichtigen Mission genossen haben. Aachen lag dem russischen Zar Alexander I. wahrhaftig zu Füßen, als er im Herbst 1818 für zwei Wochen in der Region weilte. Die Stadt beherbergte ihren dritten Monarchenkongress, bei dem endgültige Maßnahmen des Pariser Friedens von 1815 beschlossen wurden. Neben Alexander nahmen an der hochkarätigen Zusammenkunft auch die gekrönten Häupter Österreichs und Preußens sowie Vertreter aus England und dem »Verliererland« Frankreich teil. Auf der Tagesordnung stand allerdings auch die Bekämpfung demokratischer Bestrebungen, die sich nach der napoleonischen Zeit überall in Europa verbreiteten. Besonders der Gast aus Russland tat sich hier als Verfechter von Reglementierung und Überwachung in allen möglichen Lebensbereichen hervor.

Zwischen den Beratungen hat sich Alexander I. wohl besonders gern auf den Höhen um das damals frisch erbaute Anwesen des Freiherrn Ludwig von Fisenne bewegt. Von dem ist heute leider nur noch die traurige Ruine übrig geblieben.

Hier konnte der Zar unerkannt unterwegs sein. Eine Kaisereiche im ehemaligen Park erinnert als Naturdenkmal an den prominenten Wanderer. Vor dessen Abreise fragte der Freiherr »seinen« Zaren um Erlaubnis, ihm zu Ehren das herrschaftlich-klassizistische Haus samt Stallungen fortan Kaisersruh nennen zu dürfen. Alexander willigte ein, der Name ist bis heute geblieben.

Die einstige Pracht des Anwesens ist nahezu komplett verschwunden. Vom Zweiten Weltkrieg weitgehend verschont, verfiel es erst ab den 1970er Jahren in seinen heutigen traurigen Zustand. Immer wieder scheiterten in der jüngeren Vergangenheit Sanierungsbestrebungen. Im Schatten der Ruine betreibt seit vielen Jahren die Familie Zintzen ihren Ponyhof. Bleibt zu hoffen, dass die verbliebenen Gebäudeteile, zum großen Teil einsturzgefährdet, noch zu retten sind.

Adresse Krefelder Straße, an der Abzweigung Kütgensallee, 52070 Aachen | **ÖPNV** Bus 51, Haltestelle Kaisersruh | **Tipp** Im Stadtgarten befindet sich heute das Denkmal, welches an den Monarchenkongress von 1818 erinnert. Durch den Eingang Ungarnstraße gelangt man in den Rosengarten auf der linken Seite, an dessen Kopfende der pavillonartige Bau von Johann Peter Cremer liegt.

41 Das Kaltbachgässchen

Der schmale Weg führt zum ältesten Haus

Zwischen zwei der wenigen verbliebenen alten Bürgerhäuser am unteren Ende der Burtscheider Hauptstraße offenbart sich das schmale Kaltbachgässchen. Seinen Namen verdankt es der Tatsache, dass hier ein unterirdischer Bach kaltes Wasser führt, anders als die vielen Thermalquellen Burtscheids, die zu den heißesten in Mitteleuropa zählen. Schon die alten Römer wussten deren Wirkung zu schätzen, am heutigen Marktplatz fanden sich Spuren ihrer Badeanlagen. Die Bedeutung als Kurbezirk hat sich Burtscheid bis in die heutige Zeit bewahrt. Ebenso eine irgendwie gemächliche Gangart des Lebens im Tal.

Um das wertvolle Trinkwasser der Wurm nicht vom heißen und salzhaltigen »Nebenbuhler« gefährden zu lassen, verlegten die Römer den natürlichen Lauf der Wurm auf mehreren Kilometern Länge. Der »Kalte Bach« ist also ein künstlicher. Er fließt den Heißberg vom Aachener Wald hinab quer über den Hang des Adlerbergs, einer gedachten Verlängerung des Kaltbachgässchens, und schließlich weiter bis ins Frankenberger Viertel.

Am anderen Ende des Gässchens liegt das älteste Wohnhaus der einst freien Stadt Burtscheid. Seit der Eingemeindung 1897 darf sich nun auch Aachen dieses Baus von 1490 rühmen. Da man hier anders als in Aachen kein Recht zum Bau einer Wehrmauer einheimsen konnte, bauten die Burtscheider an den Enden des historischen Einfallweges Hauptstraße jeweils Verteidigungshäuser. Das Haus »Verkensloch« ist das einzige erhaltene der wehrhaften Vier und führt heute die Adresse Mühlradstraße 3–5. Die Wände sind einen ganzen Meter dick, Schießscharten künden noch von der alten Verteidigungsfunktion.

In den dunklen Stunden des Tages erleuchtet eine blassgelbe Straßenlaterne den schmalen Durchlass. Burtscheid ist in dieser Zeit ein ruhiger Ort. Für das perfekte Filmszenario fehlt dann nur noch der geheimnisvolle Fremde mit hochgeklapptem Kragen und Schlapphut.

Adresse Kaltbachgässchen, 52066 Aachen | **ÖPNV** Bus 7, 14, 27, 37, 77, Haltestelle Hauptstraße | **Tipp** In der Fußgängerzone in Richtung Burtscheider Markt, unweit eines alten Abteitors von 1644, liegt das Café Lammerskötter. Ein Besuch ist äußerst reizvoll für schöne Frühstücksstunden ebenso wie für nachmittägliche Kuchenmomente.

42 Der Karlsgarten

Heilen und Würzen wie der Kaiser auf Melaten

Der große Karl, ein Laubenpieper? Schwer vorstellbar, dass der als Wegbereiter alles Europäischen gefeierte Kaiser überhaupt einmal Beete umgegraben hat. Ohnehin fehlen Überlieferungen und somit jeglicher Beweis, dass der Urvater aller Aachener jemals hier draußen seine angeblich so gewaltigen Hände in den Boden des Rabentals versenkt hätte. Tatsächlich erhebt aber auch niemand Anspruch auf eine dementsprechende Historie des unweit vom alten Gut Melaten gelegenen Gartens. Vielmehr erinnert der im Jahr 2000 eröffnete Kräuterhain an die von Karl dem Großen vorangetriebenen Reformen.

Verbrieft ist allerdings, dass der Frankenherrscher in seiner Landgüterverordnung von 812 mit dem sperrigen Titel »Capitulare de villis vel curtis imperialibus« insgesamt 90 Pflanzen auflisten ließ, die in jedem Hof zu sprießen hatten. Naturkundlich bewanderte Mönche sollen für dieses 70. Kapitel der Verordnung verantwortlich gewesen sein. Rückblickend ist das »Capitulare de villis« womöglich gar als erste Sozial- und Wirtschaftsordnung anzusehen, die bereits im Mittelalter weitreichend in den von Karl regierten Gebieten Nord- und Mitteleuropas umgesetzt wurde.

Der Freundeskreis Botanischer Garten Aachen e.V. hat die alten Verordnungen aufgegriffen und gleich neben dem ehemaligen Aussätzigenhaus der Stadt umgesetzt. Zahlreiche Heil- und Nutzpflanzen wachsen dort, wo seit 1230 zunächst Leprakranke, später auch weitaus weniger schrecklich gezeichnete Zeitgenossen Pflege und Unterbringung erfuhren. Am buchstäblichen Ende regierte oftmals der reine Pragmatismus. Dies zeigt die Tatsache, dass die Verstorbenen der Station in unmittelbarer Nähe gleich hinter der längst abgebrochenen Kapelle bestattet wurden.

Beinahe wirkt es wie ein Treppenwitz der Geschichte, dass mit dem Uniklinikum heute einer der gewaltigsten Gesundheitskomplexe Europas gleich in unmittelbarer Nachbarschaft firmiert.

Adresse Gut Melaten, zwischen Schneebergweg und Rabentalweg, 52074 Aachen | **ÖPNV** Bus 3 A / B, 15, 23, 33, 65, 70, 75, Haltestelle Stiewistraße, von dort knapp 10 Minuten Fußweg | **Tipp** Der Erweiterungsbau der Aachener Hochschule hat ökologische Ausgleichsmaßnahmen nötig und möglich gemacht. So entsteht seit 2010 ebenfalls neben dem Gut Melaten ein landwirtschaftlicher Mustergarten. Insgesamt ein eher schwacher Trost für das Verschwinden der ursprünglichen Natur im Rabental.

43 Der Kennedypark

Von der Gelben Kaserne zur grünen Oase

Wo sich heute vom Elsassplatz aus die größte Grünfläche des multikulturell geprägten Ostviertels öffnet, befand sich bis zum Ende des Zweiten Weltkriegs eines der massivsten Zeugnisse von preußischem und später nationalsozialistischem Militarismus in Aachen: Heute erinnern nur noch die Säulen am Parkeingang an die Gelbe Kaserne, die einst das Bild der Umgebung prägte. Ihren Namen erhielt die 1883 von preußischen Infanteristen erstmals bezogene Anlage ganz profan durch ihre gelbe Klinkerfassade. Die Säulen entstammen dem einstigen Eingangsportal der mächtigen Kaserne, die 1943/44 mehrfach das Ziel von Luftangriffen war.

Einige Gebäudeteile standen noch, als 1964 die beiden markanten Wohntürme an der Nordwestseite des heutigen Kennedyparks emporwuchsen. Zu dieser Zeit wurde die Freifläche außerdem von einem Schrottplatz beachtlicher Größe zu zwei Seiten begrenzt. In der Nähe, am Reichsweg, steht noch heute die ehemalige Rheinnadel-Fabrik, jetzt Heimat des Stadtarchivs und zahlreicher integrativer Einrichtungen.

Der allgemeinen Verehrung John F. Kennedys verdankt der 1966 eröffnete Park seinen Namen. Eine vom 2011 in Aachen verstorbenen Künstler Hubert Löneke geschaffene Büste des 35. Präsidenten der USA steht heute am Eingang Elsassplatz. Von Löneke stammen auch bekannte innerstädtische Denkmäler wie der Türelüre-Lißje-Brunnen oder das Printenmädchen vor den Alt-Aachener Kaffeestuben.

Es soll ja Zeitgenossen geben, die die weitläufige Grünfläche aufgrund ihrer Lage mitten im »Brennpunkt Aachen-Ost« meiden. Ihnen sei gesagt: Offener Bedrohung an gern zitierten »dunklen Ecken« wird man hier kaum öfter begegnen als anderswo, vielmehr gehen einige Bewohner klar auf Distanz. Das jährlich im Sommer stattfindende und von einer breiten Sponsorenschar geförderte Multikultifest oder die neue Skateranlage locken längst Menschen aus allen Teilen der Stadt in die grüne Lunge des Ostviertels.

Adresse Elsassplatz, 52068 Aachen | ÖPNV Bus 2, 12, 22, Haltestelle Elsassplatz | Tipp Das direkt am Park gelegene Restaurant »Mangal« offeriert als dienstältester Döner-Imbiss Nordrhein-Westfalens frische türkische Speisen aus eigener Herstellung (siehe Seite 112).

44 Die Kirche St. Fronleichnam

Das Vermächtnis des »rheinischen Mystikers«

Rudolf Schwarz hatte Visionen. Allerdings keine, die einen Arztbesuch nötig gemacht hätten. Der gebürtige Straßburger hat sich als Architekt maßgeblich um den modernen Kirchenbau verdient gemacht und dabei zeitlose Werke geschaffen, die auch die Agnostiker unter den Architekturfans faszinieren.

Nach seiner Wahlheimat verlieh man ihm den Beinamen »rheinischer Mystiker«. Auch in Aachen hat er seine gestalterischen Spuren hinterlassen. Die 1930 fertiggestellte Kirche St. Fronleichnam ist nicht nur wegen ihres weithin sichtbaren weißen Glockenturms ein echter Hingucker. Daneben besteht sie aus einem ebenfalls weißen, quaderförmigen Hauptschiff mit Flachdach. Im Inneren dominiert der maximale Hell-Dunkel-Kontrast. Durch die schmucklosen weißen Wände und Decken wird die Quaderform erlebbar. Boden, Altar und Bänke sind in Schwarz gehalten. Vor dem Bau hatten der Architekt und seine Mitstreiter Hans Schwippert und Johannes Kran bei den traditionsbewussten Katholiken allerlei Überzeugungsarbeit leisten müssen. Die älteren Bewohner Aachens nennen die Kirche häufig noch Sankt Makei und spielen damit liebevoll auf die Quaderform des Kirchenschiffs an, die an eine Packung Quark erinnert. Makei ist Öcher Platt für ebenjenes Milchprodukt.

Ab 1927 leitete Schwarz die Aachener Kunstgewerbeschule in der Südstraße bis zu ihrer Schließung sieben Jahre später. In dieser Zeit verhalf er dem Institut mit vielen Impulsen zu überregionalem Ansehen. Seiner Architektenberufung verdankt die Stadt vier Bauwerke, von denen das letzte in Schwarz' Sterbejahr 1961 entstand. Die hiesigen Arbeiten sind heute die am besten dokumentierten Bauwerke im Portfolio des Mannes, den eine enge Freundschaft mit Mies van der Rohe verband. Nach dem Zweiten Weltkrieg war Rudolf Schwarz maßgeblich verantwortlich für das Erscheinungsbild des »neuen« Köln.

Adresse Leipziger Straße 19, 52068 Aachen | ÖPNV Bus 2, 12, 22, Haltestelle Kennedypark | Öffnungszeiten Mo – Sa 8.30 – 17 Uhr, So 10 – 12 Uhr | Tipp Der Rudolf-Schwarz-Weg erinnert in unmittelbarer Nähe an den Architekten der Kirche. Dahinter liegt die Kleingartenanlage, die ebenfalls 1930 eröffnet wurde – ein kleines grünes Idyll im alten Arbeiterviertel. Die älteste ihrer Art von 1904 liegt nur 5 Minuten Fußweg entfernt an der Stolberger Straße.

45 Die Kiste

Mit viel Holz gegen den Lounge-Trend

Man muss sie schon ein wenig mit der Lupe suchen: die Art von Altstadtkneipe, die sich weder bedingungslos dem Tourismus anbiedert noch dem Trend zur sogenannten Erlebnisgastronomie hinterherhechelt. Von dem, was noch vor 30 Jahren in die Kategorie »Studentenkneipe« sortiert wurde, ist nicht allzu viel geblieben im Schatten von Dom und Rathaus. Ältere schnalzen noch heute mit der Zunge bei der Erinnerung an den »Leierkasten« mit seinem obskuren Interieur zwischen Kitsch und Wahnsinn. Oder schwärmen von der Atmosphäre im bis heute berühmten »Domkeller« zu jener Zeit. Ansonsten ist immerhin die »Kiste« als Relikt einer anderen, aus heutiger Sicht urtümlichen Kneipenlandschaft geblieben. Hier, zwischen dunklem Massivholz, abgestandener Luft und schummriger Beleuchtung, ist etwas geblieben von der Urwürze der Marke »Bierkneipe«, die immer mehr verblasst auf der Ausgeh-Agenda der Stadt.

Schnörkelloses Kneipenambiente – ein Auslaufmodell? Besser nicht, lieber noch ein Bier! So gestärkt lassen sich hervorragend launige Anekdoten hervorkramen. Zum Beispiel die, dass ganz in der Nähe einst der erste Discjockey der Welt aufgelegt hat. Keine drei Minuten Fußweg den Büchel hinab, in einem Kellerlokal am Dahmengraben, revolutionierte Klaus Quirini alias DJ Heinrich im Jahr 1959 die Ausgeh-Unterhaltung. Im »Scotch Club« tanzte man seinerzeit wie überall ausschließlich zu mehr oder weniger stilsicherer Livemusik. Der damals 19-jährige Quirini erhielt vom experimentierfreudigen Chef des Hauses die wahnwitzige Aufgabe, das »tote« Medium Schallplatte als belebendes Element für die Tanzfläche zu nutzen – und sprach gleich zum Auftakt seinen legendär gewordenen Satz: »Meine Damen und Herren, krempeln sie die Hosenbeine hoch, wir lassen Wasser in den Saal, denn ›ein Schiff wird kommen‹ mit Lale Andersen.« Das Publikum tobte, der Rest ist mehr oder weniger belegte Geschichte.

Adresse Büchel 36, 52062 Aachen | ÖPNV alle innerstädtischen Busse halten am nahen Bushof in der Peterstraße | Öffnungszeiten Mo – Mi 20 – 2 Uhr, Do 17 – 2, Fr, Sa 20 – 3 Uhr | Tipp Ein Stück weiter oberhalb am Büchel (Richtung Markt) befindet sich eine liebevoll gestaltete Neuerscheinung der Aachener Kneipenszene: Das »Hildegart« (Büchel 11) verbindet auf wenigen Quadratmetern 1970er-Jahre-Ambiente mit modernem Elektrosound.

46 Das Klaus-Paier-Graffito

»Schmierereien« als politisches Statement

Spät, zu spät, kam sie, die Rehabilitierung durch den einstigen Widersacher: Als Aachens früherer Oberbürgermeister Kurt Malangré im Mai 2011 den Denkmalschutz für Klaus Paiers Wandgemälde »Liebespaar« verkündete, war dieser bereits zwei Jahre tot. Die Worte dazu hatten etwas von einem Schuldeingeständnis. Viel zu spät hätte er erkannt, dass man es hier mit Kunst zu tun habe, formulierte Malangré seine späte Verbeugung vor den Werken des 1945 in Essen geborenen Graffiti-Pioniers. Der Ex-OB und seine Verwaltung hatten in den 1970er und 1980er Jahren nichts unversucht gelassen, alle sogenannten »Schmierereien« aus dem Stadtbild zu verbannen. Das Pauschalurteil des CDU-Politikers hatte auch die Arbeiten von Klaus Paier und dessen Begleiter Josef Stöhr getroffen, die meisten verschwanden sofort oder in den Folgejahren von der öffentlichen Bildfläche. Wolfgang Becker, dem späteren Leiter des Ludwig-Forums, ist es zu verdanken, dass auch diese Werke zumindest auf Papier erhalten sind. Er stellte 1984 erstmals Fotos von Paiers Wandbildern aus.

Viele der heimlichen Arbeiten befassen sich mit der Bedrohung durch Atomwaffen im Kalten Krieg. Er, der nach seiner Aachener Zeit in Köln lebte und aktiv war, ließ den Gefahrenaspekt immer wieder in seine Werke einfließen. So soll Paier einmal gesagt haben, dass in seinen Bildern alles stecke, was ihm Lust und Angst mache. Immer wieder waren dabei auch Szenen des Alltags in Paiers langjähriger Wahlheimat Aachen zu finden. So soll auch das »Liebespaar« an der Terrassenwand des Café Kittel (in unmittelbarer Nähe des hier abgebildeten Werks) von einer verbotenen Liebe zwischen Schüler und Lehrer am Kaiser-Karls-Gymnasium inspiriert sein.

Die wenigen, zumeist sehr schlecht erhaltenen Bilder Paiers sollen nun, auch dank der Initiative seines ehemaligen Gegenspielers Kurt Malangré, allesamt unter Denkmalschutz gestellt und aufgearbeitet werden.

Adresse seitliche Wand, Augustinerbach 2, 52062 Aachen | **ÖPNV** Bus 4, Haltestelle Eilfschornsteinstraße | **Tipp** Ein Stück weiter den Augustinerbach entlang befindet sich am kleinen Parkplatz der RWTH ein weiteres Wandgemälde von Klaus Paier. Der leider zusehends verwitternde wartende Punker entstand 1982 nach einem realen Vorbild.

47 Das Kneipp-Becken am Lousberg

Anachronismus der alten Badestadt

Von der alten Pracht ist nicht allzu viel geblieben. Wie gewaltig muss der Kurschatten, der die ganze Stadt viele Jahrhunderte lang bedeckte, gewesen sein. Angefangen bei der Legende Karls des Großen, der sich angeblich an den heißen Quellen seine Pfalz bauen ließ. Seltsam paradox wirkt angesichts der Geschichte die Tatsache, dass Aachen seit Jahren auf den Titel »Bad« verzichtet, um in bundesweiten Verzeichnissen stets an exponierter Stelle aufzutauchen. Heißes Wasser gibt es noch immer sturzbachweise unter den Pflastern in Aachen. Doch die nicht selten imposante Infrastruktur der Bäder- und Kuranlagen ist spätestens seit den Zerstörungen des Zweiten Weltkriegs aus vielen Stellen des Stadtbilds verschwunden. Außer am Elisenbrunnen und in der Burtscheider Talsenke fließt kein Kurwässerchen mehr vor aller Augen.

Wie gut, dass auf dem Lousberg mit dem Kneipp'schen Kaltwasserbecken ein anderes »unsterbliches« Heilkonzept erhalten geblieben ist. So ist oben auf Aachens höchstem Hügel noch etwas zu spüren vom Geist der alten Kur- und Badestadt, die den Hochadel der halben Welt nach Aachen lockte und in der sich die denkende Elite vom »Rücken« kurieren ließ. Neben dem Kerstenschen Pavillon, den alten Säulenresten des Ausflugslokals Belvedere und dem alten Vermessungsobelisken reiht sich das Kneipp-Becken in die Charakteristik des alten Bürgerparks ein. Der dient seit der ersten Hälfte des 19. Jahrhunderts in erster Linie den einfachen Aachenern als Naherholungsgebiet, lockt aber seitdem auch die Kurgäste an.

Zwar führt die Do-it-yourself-Pflegestation ein relatives Schattendasein im historischen Ambiente der »Öcher Akropolis«, Anhänger des gepflegten Wassertretens und Zufallsbesucher werden aber auch künftig über die historische Blausteintreppe ihren Weg hierher finden. Die Selbstreinigung beginnt mit Laubklauben.

Adresse Belvedereallee / Buchenallee am Lousberg, 52070 Aachen | ÖPNV Bus 3 A / B, 13 A / B, Haltestelle Ehrenmal / Lousberg, von dort etwa 15 Minuten Fußweg | Tipp Entspannungssüchtigen Besuchern sei die »Lousberg-Terrasse« auf der anderen Seite des 264 Meter hohen Ausflugshügels empfohlen. Dort laden sechs wetterfeste Hängematten zum Entspannen und Ins-Soerstal-Blicken ein.

48 Der Knipp

Einzigartige Verschmelzung von Gaststätte und Heimatmuseum

Aachens älteste Gaststätte von 1698 ist auch ein Mikrokosmos in sich: Es gibt sie, die Knipp-Familie, und die besteht längst nicht nur aus den Ramraths, die seit 1927 den Betrieb führen. Eine unbedingte Nähe zum Karneval ist vorhanden, aber auch zur Hautevolee. Die macht es Neulingen im Sympathiewettbewerb an der Theke nicht immer leicht, geht jedoch nicht selten ungefähr ab dem dritten Bier endgültig auf Verbrüderungskurs. »Der Knipp« steht aber auch ein Stück weit stellvertretend für die wenigen verbliebenen »gutbürgerlichen« Lokale der Stadt. Hieraus ergibt sich auch die besondere Bedeutung des urigen Etablissements als Botschafter der Tradition. Diesen Status sollten auch Nasenrümpfer anerkennen.

Denn allzu viele sind es tatsächlich nicht mehr, die den irgendwann irgendwie einsetzenden Strukturumschwung der Gastronomie überstanden haben. Wenige Minuten Fußweg den Hirschgraben hinauf beginnt mit der Pontstraße das wohl sichtbarste Zeugnis des Wandels hin zum erst studentischen, später erlebnisorientierten und aus Sicht der Traditionalisten wenig stilvollen Kneipentreiben. Die Kombination aus Alt-Aachener Speisehaus und Trinklokal wird am Bergdriesch mit Herzblut zelebriert.

Was den Knipp außerdem besonders macht, ist die Menge an liebevoll angehäuften Einrichtungskleinoden sowie die »Ameröllchen« aus alten Tagen, die hier zwischen allerlei Sammelgut weiterleben. Die Wände sind holzvertäfelt oder mit Delfter Fliesen geschmückt. Die »Aussteuer« quasi in Ausstellung. Das Lebenswerk der Ramraths manifestiert sich nicht zuletzt auch durch ihre Sammelleidenschaft. Ein wenig vom Kneipenflair der Nachbarländer ist hier verankert. Aachen-Lütticher Baustil im Freizeitlook. Man selbst sieht sich übrigens wenig bescheiden als gastronomisches Pendant zu Dom und Rathaus. Aber verdammt, »Am Knipp« kann man es sich leisten.

Adresse Bergdriesch 3, 52062 Aachen | ÖPNV Bus 4, 7, 17, 27, 33, 37, 47, 77, 147, Haltestelle Minoritenstraße | Öffnungszeiten Mo, Mi – Fr ab 17 Uhr, Sa, So ab 18 Uhr; warme Küche 18 – 22.30 Uhr | Tipp Wem nach dem Gutbürgerlichen der Sinn noch nach etwas bierseliger Insel-Internationalität steht, bekommt im Irish Pub »Wild Rover« am nahen Hirschgraben sein Guinness, Murphy's oder den einen oder anderen erlesenen Whiskey serviert.

49 Das KuKuK am Köpfchen

Kunst und Kultur an der Grenze

Wo man bis 1995 noch auf das wohlwollende Nicken eines mehr oder weniger gut gelaunten Mannes mit Mütze wartete, machte sich nach der endgültigen Abschaffung der Grenzkontrollen zusehends Lethargie breit. Heute findet man am deutsch-belgischen Übergang ein wahrhaft gelungenes Beispiel für die Umnutzung verwaister Zollanlagen vor. Dem glücklichen Umstand des Nichtrückbaus ist es zu verdanken, dass heute in den ehemaligen Zollgebäuden euregionale Kultur und Geschichtsbewusstsein gemeinsam funktionieren: Seit dem Jahr 2000 hat sich der deutsch-belgische Verein »KuKuK« der Wiederbelebung und Erhaltung eines besonderen Raumes angenommen.

Ging es zunächst um den Erhalt des alten Grenzhäuschens, das noch heute mitten auf der Straße gut sichtbar seine einstige Bestimmung verrät, konnten 2009/2010 auch die nahe gelegenen Zollbüros als »KuKuK«-Räume wiederbelebt werden. Sogar eine Außenterrasse mit Blick auf den Grenzwald wurde geschaffen. Schon im kleinen »Kontrollaquarium« gab es erste Ausstellungen, in denen die besondere Lage des neuen Kunstortes Grenze aufgegriffen wurde. Mittlerweile stehen mehrmals im Monat Veranstaltungen auf dem Programm, die Kultur-, Natur- und Geschichtsinteressierte gleichermaßen anziehen. Auch die Umgebung mit ihren sichtbaren Spuren der wechselvollen Geschichte als Länderschnittpunkt haben die Macher ins Konzept integriert. So wurden selbst die Betonhöcker des Westwalls zum Kunstobjekt.

Trotz der sichtbaren Veränderungen sind Reste vom alten Flair der Grenzumgebung und ihrer Infrastruktur geblieben. Während die einstigen Zöllnerbungalows vor sich hin stehen, wurde das ehemalige belgische Zollhaus zum Wohnhaus umgebaut. Verwitterte Klebebuchstaben weisen noch auf den einst ansässigen Radiosender hin, der direkt an der Grenze auch in Richtung Deutschland funkte und hier einen nicht unerheblichen Teil seiner Hörerschaft fand.

Adresse Eupener Straße 420, 52076 Aachen | ÖPNV Bus 14, Haltestelle Altes Zollamt | Öffnungszeiten Fr, Sa 13 – 19 Uhr, So 11 – 19 Uhr und bei Veranstaltungen (Informationen unter www.kukukandergrenze.org) | Tipp Bewegt man sich entlang der Eupener Straße rund einen Kilometer nach Belgien hinein, stößt man auf typische Einkaufserscheinungen der Grenzperipherie: Belgische Möbelhäuser und Kaffeemärkte waren schon vor dem Wegfall der Grenzkontrollen bei den Aachenern äußerst beliebt.

50 Der Lindenplatz

... kann zu mediterranen Gefühlen verleiten

Würde man der durchaus typischen Larmoyanz der Aachener anheimfallen, käme den hiesigen Bächen eine fast gleichnishafte Bedeutung zu: Man sieht sie nicht, doch sind sie spürbar gegenwärtig. Seit Jahren unter die Erde verbannt und kanalisiert, haben sie doch ihre Bedeutung als identitäts- und siedlungsstiftende Wasserläufe für die Stadt bis heute behalten. Einzige sichtbare Ausnahme ist seit 1999 der Johannisbach, der zwischen Lindenplatz und Pontstraße offen in einer gemauerten Rinne durch die Senke in der Aachener Altstadt fließt und dabei weitgehend seinem natürlichen Lauf an dieser Stelle folgt.

Damit ist gleichzeitig ein wichtiger Faktor der Faszination des Platzes im Schatten des alten Franziskusklosters erklärt. Offenes Wasser ist nunmal rar in dieser Stadt. Und nirgends sonst wird die Sehnsucht der Aachener nach Fließgewässer zumindest ansatzweise so befriedigt wie hier, wo sich alte Innenstadthäuser in der Glasfront einer Kreuzigungsgruppe spiegeln. Wenn dann auch noch an sonnigen Tagen die Tische vor dem Café Einstein besetzt sind und Kinder die Spielgeräte zwischen den Bäumen in Beschlag genommen haben, ist er ziemlich perfekt, dieser mediterrane Moment im Mikrokosmos einer Stadt ohne Fluss. Da ist man dann auch mit einer 50 Zentimeter breiten Rinne zufrieden. Immerhin.

Was für die altehrwürdigen Klostermauern gilt, lässt sich auch auf andere Anrainer übertragen: Wer sich hier ansiedelt, bleibt in der Regel länger. Die Infrastruktur am und um den Lindenplatz bietet denn auch eigentlich alles, was man so zum gemütlichen Viertelleben braucht: Videothek, Billardsalon, Fotogeschäft, Imbiss, Hi-Fi-Studio und zwei völlig gegensätzliche Kneipen. Wobei sich das kultige Café Einstein zu Recht als einzige Lokalität Aachens der Lage »am Fluss« rühmen darf. Nur der Lebensmittelladen mit dem latenten Tante-Emma-Charme ist leider seit ein paar Jahren verschwunden.

Adresse Lindenplatz, 52064 Aachen | **ÖPNV** Bus 4, Haltestelle Kármán-Auditorium | **Tipp** Die beiden Kneipen am Lindenplatz (Einstein, Söller) verweigern sich zwar konsequent dem Rauchfrei-Trend, rechtfertigen allerdings einen Besuch durch ureigene Traditionspflege und Szenepublikum.

51 Die Lütticher Straße

Vielgesichtige Route gen Westen

Die südwestliche Ausfallstraße ist Beginn und Ende der uralten Verbindung zwischen Lüttich und Aachen. Kirche, Handel, Kunst – nur drei wichtige Bezugspunkte zwischen der alten ostbelgischen Metropole und Aachen seit 1.000 Jahren. Dabei verändert sie ihr Gesicht allein zwischen der Kreuzung Schanz und dem Grenzübergang Bildchen mindestens ein halbes Dutzend Mal, was einer Einladung zum Langsamfahren gleichkommt. Oder besser: laufen.

Da wären zunächst der jüdische Friedhof und die alte Sozialwohnsiedlung aus den späten 1920er Jahren, dahinter folgt gründerzeitliche Bebauung; hinter der Kreuzung Brüsseler Ring rechts die Villenterrassen des Preuswegs. Hier steigt die Straße bereits an, die Bebauung wird lichter, bis der Preuswald beginnt. Nahe dem höchsten Punkt drückt sich die Waldschenke an die Straße, zum Entenpfuhl zweigt links ein Waldweg ab. Wieder bergab, öffnet sich die Siedlung Preuswald, in den späten 1960er Jahren angelegt und heute zusehends von Leerstand betroffen. Zuvor weisen Schilder zum Kinder- und Familienzentrum Maria im Tann, früher schnöde als »Kinderheim« bekannt und 1909 als Lungenheilklinik eröffnet.

Hinter der Eisenbahnbrücke, die zur stillgelegten Verbindung nach Montzen gehörte, und den älteren Häusern Bildchens beginnt ein kleines Niemandsland, wie man es oft an den Grenzen der Region findet. Einige Häuser stehen leer, wie der halb verfallene Bau an der Abzweigung Hergenrather Weg, neben dem heute fast täglich ein fliegender Blumen- und Gemüsehändler ausstellt.

Nach dem Grenzübergang, an dem die deutsche Bundesstraße 264 in die belgische N3 übergeht, wandelt sich die Umgebung zu den typischen Straßendörfern der Wallonie. Das Gebiet ist auch vom wechselhaften Verlauf der Grenzen in den vergangenen Jahrhunderten geprägt. So wechselte hier manches Haus an der einstigen napoleonischen Route mehrfach seine Verwaltung.

Adresse von der Schanz in Aachen bis zum Grenzübergang Bildchen – und darüber hinaus … | **Anfahrt** zu Fuß, mit dem Rad oder Auto: Die Lütticher Straße lässt sich auf jede erdenkliche Fortbewegungsart entdecken | **ÖPNV** Bus 3 A / B, 4, 13 A / B, 24, Haltestelle Schanz | **Tipp** Der heutige Grenzübergang Bildchen markierte einst auch das südöstliche Ende des verschwundenen Länderkuriosums Neutral-Moresnet (siehe Seite 42).

52 Mangal

Die Wiege der Dönerkultur in NRW

Am 1. Mai 1980 eröffnet, gilt die kleine Restauration als erste Dönerschmiede Nordrhein-Westfalens. Der WDR berichtete einmal wenig erhaben von der dienstältesten »Dönerbude« in NRW. Ein Begriff, gegen den ihr Besitzer ausdrücklich nichts einzuwenden hat. Vielleicht wurde auch schon früher irgendwo ein Drehspieß-Restaurant eröffnet, sagt er, allerdings sei seines mit 32 Jahren Geschäftsgeschichte wohl am längsten dabei. Mangal ist Vorreiter, so viel lässt sich bedenkenlos behaupten.

Der heutige Herr des Hauses kam mit 18 Jahren aus der Türkei, war zuerst Angestellter, ehe er die Geschicke nach sechs Jahren mit einem Kollegen übernahm. Wenn es nach unserem Grillmeister geht, übernimmt einmal eine seiner drei Töchter das kleine Restaurant, in dem nur hausgemachte Spezialitäten frisch auf den Tisch kommen.

Mehr als 30 Jahre Mangal bedeuten auch drei Dekaden Kommen, Gehen und Bleiben im Aachener Ostviertel. »Früher war es hier im von Migranten geprägten Quartier gemischter«, sagt der Chef und meint die »Eingeborenen«, die mehr am Viertelleben teilnahmen als heute. »Damals« habe man noch mit »den Deutschen« zusammen Fußball im nahen Kennedypark gespielt. Doch bis heute rekrutieren sich zwei Drittel der Kundschaft aus »den Deutschen«, viele sind Stammkunden und nicht unbedingt Ostviertel-Bewohner.

Das Geheimnis des Erfolges sind Qualität und Konstanz. Für den leckeren Tee wird meist nichts berechnet. In aufwendige Einrichtung hat man hier nie wirklich investiert, dafür reichlich in den authentisch-eigenwilligen Speisenmix. Ein paar Erinnerungen aus der alten Heimat gibt es zu sehen, das war's. 2008 wurde zuletzt renoviert, aber nur das Nötigste. Wieder lächelt unser Döner-Vorreiter. »Alles andere war ja noch gut.« Auch so eine Form von Konstanz und Pragmatismus, die zum Mangal dazugehört. Und das Lächeln des Hausherrn, der übrigens Mehmet heißt, gibt es sowieso immer dazu.

Adresse Elsassstraße 59, 52068 Aachen | **ÖPNV** Bus 2, 12, 22, Haltestelle Elsassplatz | **Öffnungszeiten** Mo – Sa 16 – 23 Uhr, So 12 – 23 Uhr | **Tipp** Die ehemalige Rhein-Nadel-Fabrik am Reichsweg auf der gegenüberliegenden Seite des Parks beherbergt mittlerweile ein internationales Begegnungszentrum sowie das Aachener Stadtarchiv.

53 Das Minichamps-Museum

Der Maßstab für den Autokult ist 1:43

Fernab von jeglicher Laufkundschaft liegt das kleine Traumland für Modellauto-Jünger im Gewerbegebiet auf der windigen Hüls im Aachener Nordosten. Wohl kaum jemand würde hier einen Global Player der anderen Art vermuten: Hier schlägt das Herz der weltweit präsenten Marke »Minichamps«, die seit Mitte der 1970er Jahre passionierten Sammlern den kleinen Traum vom großen Flitzer erfüllt. Nachfahren des traditionsreichen Spielwarenhauses Danhausen haben auf rund 600 Quadratmetern ihren exklusiven Modellautos ein museales Denkmal gesetzt. Mehr als 3.000 Exemplare sind im schmucken Showroom ausgestellt. Vom Ur-Minichamp über frühe Lizenzprodukte wie »Schumis« Boliden bis hin zu Nachbauten der legendären und von bekannten Künstlern gestalteten »Art Cars«.

Am Anfang stand bereits die Tradition. Generationen von jungen und irgendwann nicht mehr so jungen Aachenern wuchsen mit Spielwaren aus dem Hause Danhausen auf. Das Familienunternehmen brachte ab 1921 zunächst vornehmlich Fahrräder an die Bewohner. In den 1950er Jahren mauserten sich die Geschäftsräume in der Kleinkölnstraße zur Pilgerstätte für Modellbau-Enthusiasten aus ganz Deutschland. Mit viel Engagement gelang den Nachfahren das Kunststück, größere Serien in Topqualität zu produzieren und zu vergleichsweise erschwinglichen Preisen anzubieten.

Der Name Danhausen ist mittlerweile aus dem Briefkopf verschwunden, seit 1990 firmiert man als »Paul's Model Art« in Sachen Motorwelt im Maßstab 1:43. Bei all der persönlichen Begeisterung, die die Familie Lang in ihre Miniaturen legt: Zu der puren Leidenschaft gesellt sich selbstverständlich eine ordentliche Portion knallhartes Geschäftskalkül, schließlich gilt es, in einem umkämpften Spartenmarkt zu bestehen. Bereits frühzeitig fassten die Aachener übrigens den Entschluss, in China produzieren zu lassen. Anfang der 1990er Jahre waren sie damit echte Vorreiter.

Adresse Charlottenburger Allee 49 – 51, 52068 Aachen | **ÖPNV** Bus 23, 43, Haltestelle Schönebergstraße | **Öffnungszeiten** jeden 1. Freitag im Monat, Juli und Aug. jeden Freitag 12 – 17 Uhr | **Tipp** Kurz bevor die Charlottenburger Allee stadteinwärts auf den Berliner Ring mündet, ist auf dem dortigen Gelände der Aachener Verkehrsbetriebe ein alter Tramwagen zu sehen. Der Straßenbahnbetrieb wurde 1974 endgültig eingestellt.

54 Die Motorbar

Im Studentenkeller lebt die Straßenbahn weiter

In Zeiten, in denen sich das studentische Nachtleben vor allem auf der Feiermeile Pontstraße abspielt, wirken holzverkleidete Kellerbars wie ein Relikt aus vergangenen Tagen. Als 1965 die vier Studententürme im Schatten des Lousbergs emporwuchsen, bewies das Aachener Studentenwerk bei der Schaffung von dringend benötigtem Wohnraum auch ein Mindestmaß an Freizeitbewusstsein. Und zwar abseits burschenschaftlicher Organisationen. Kaum anders ist es zu erklären, dass in den Hochhauskellern an der Rütscher Straße von Anfang an Kneipenräume eingerichtet wurden, von denen allerdings neben dem »Club im Eimer« heute nur noch die Motorbar im Otto-Petersen-Haus regelmäßig geöffnet ist.

Dabei erfüllt sie auch nach mehr als 40 Jahren sämtliche Anforderungen an eine Lokalität im besten Partykellerstil: rustikales Ambiente, praktische Beleuchtung und nicht zuletzt eine massig-massive Theke, die kaum zwei Reihen Stehende zulässt. Teile der Stammbelegschaft sind hier übrigens mitgealtert. Und so trifft man mittwochs beim einzigen regelmäßigen Kneipenabend eben nicht nur aktuelle Bewohner, sondern auch manchen Ehemaligen, der sich dem charmanten Keller mit seinen überaus milden Getränkepreisen weiterhin verbunden fühlt.

Ein echtes Alleinstellungsmerkmal der Motorbar ist bis heute die Tatsache, dass hier etliche Originalrelikte der 1974 endgültig eingestampften Aachener Straßenbahn in die Einrichtung integriert wurden: Auf echten Tram-Bänken hockend, lässt sich vortrefflich an eine Zeit denken, als der städtische Nahverkehr noch auf Schienen lief. Viereinhalb Jahrzehnte haben selbstverständlich auch etliche hauseigene Anekdoten hervorgebracht: So berichtet mancher Zeitzeuge von wilden früheren Jahren, als auswärtige Besucher zu spät-früher Stunde und nach völligem Orientierungsverlust per Aufzug in die Obergeschosse fuhren. Dort schlugen sie dann spontan ihr Nachtlager auf.

Adresse Rütscher Straße 155, 52072 Aachen | **ÖPNV** Bus 27, 37, 47, 77, Haltestelle Jupp-Müller-Straße | **Öffnungszeiten** Mi ab 21 Uhr, Ende offen | **Tipp** Wer mittwochs verhindert ist, kann den donnerstäglichen Kneipenabend im »Eimer« (Rütscher Straße 121, Theodore-von-Kármán-Haus), der anderen Türme-Kneipe, mitnehmen.

55__Der Musikbunker

Vom Luft- zum Lärmschutz

Offiziell bis zu 2.000 Menschen harrten hier zwischen 1942 und 1944 in den vielen Bombennächten über Aachen aus, inoffiziell sollen es weit mehr gewesen sein. Noch am 10. September 1944 hielt hier in Gestalt von Heinrich Himmler einer der dunkel schillerndsten Schergen des NS-Systems eine schlimm-pathetische Durchhalterede. Da lag Aachen bereits in Trümmern. Sechs Wochen vor der Befreiung durch die Amerikaner muss dieses verbale Aufflackern des gescheiterten Wahnsinns wie grausamer Hohn gewirkt haben. Erst 1958 verließen die letzten Bewohner ihre Notunterkünfte im Hochbunker hinter der alten Frankenburg.

Seit 1987 rechtfertigt das Ungetüm, unter dem übrigens der verrohrte Gillesbach fließt, sein Dasein endgültig auf denkbar friedliche, weil kulturrelevante Art und Weise: In den zahllosen Proberäumen schlägt das Herz der Aachener Musikszene. So unübersichtlich das Gewirr der Gänge auf vier Ebenen, so vielfältig und -gesichtig sind auch die hier vertretenen Akteure und ihr musikalisches Schaffen. Dabei ist der Bunker mehr als nur lärmgeschwängertes Stundenhotel. Aufnahmestudios ermöglichen Tonträgerproduktionen, die Versiertesten geben Instrumentenunterricht in den vielen nachträglich gemauerten Separees. Manche Formationen haben und werden die meterdicken Mauern niemals für Liveauftritte verlassen. Was zählt, ist das Bunkerfeeling. Denn alle wissen um das Glück des bezahlbaren wie ansonsten raren Entfaltungsspielraums.

Speziell in den zurückliegenden Nullerjahren hat sich auch das Konzertangebot im ausgebauten Kellergeschoss, ganz dem Credo des Hauses entsprechend, allen erdenklichen musikalischen Strömungen geöffnet. Namhafte Künstler aus aller Welt, Techno-DJs, Songwriter-Poeten oder Punklegenden fluten den Raum mit Atmosphäre und Schweiß.

Und immer wieder haben die hauseigenen Kräfte die Chance, sich vor größerem Publikum zu beweisen.

Adresse Eingang Rehmannstraße, 52066 Aachen | **ÖPNV** Bus 33, 34, 57, Haltestelle Schlossstraße | **Öffnungszeiten** an Veranstaltungstagen in der Regel ab 19 Uhr | **Tipp** Die Bunker an der Junkerstraße, Zeppelinstraße und Saarstraße wurden ebenfalls zu Proberäumen umgebaut. Sie sind damit ebenso Zeugnisse des vergangenen Kriegswahnsinns als auch der lebendigen Musikszene in Deutschlands westlichster Großstadt.

56 Der Neumarkt

Boule und Kenger am alten Marktplatz

»Wenn ich am Neumarkt steh …« – Bernd Weiss' musikalische Ode an das Frankenberger Viertel weist gleich in der ersten Textzeile auf den quadratischen Platz auf mittlerer Höhe der Bismarckstraße hin. Seine traditionelle Bestimmung sieht man dem alten Marktplatz heute nur noch samstags an, die Geschichte der direkten Umgebung ist dafür immer optisch präsent. In den Ausläufern der Gründerzeit entstand ab 1873 das homogene Viertel als Wohnbauerweiterung für Aachen und Burtscheid auf dem Reißbrett. Bis dahin hatte die 1352 erstmals urkundlich erwähnte Frankenburg, deren lange Bewohnerliste mit Flugzeugbauer Hugo Junkers um die vorletzte Jahrhundertwende endet, ziemlich allein auf dem hügeligen Landstrich gestanden.

Trotz der Zerstörungen des Zweiten Weltkriegs hat das Viertel sein Gesicht mit den vielen schmucken Gründerzeitfassaden weitgehend behalten. In den letzten vier Jahrzehnten entwickelte sich das »Frankenberger« zusehends zum von Studenten-WGs, Kreativen und jungen Familien geprägten Wohnquartier. Wenn auch mittlerweile dank teurer Sanierungen mehr und mehr der gehobene Mittelstand unter die Stuckdecken strebt. Ein guter Querschnitt offenbart sich am Neumarkt mit dem Frühlingsbeginn – so er denn regenarm ist. Dann schlägt das Herz des Viertels wie eh und je als Treffpunkt und Tummelplatz. Kinder toben auf den Spielgeräten, Studenten küren den WG-Meister an der Tischtennisplatte. Ein naher Gastronom dehnt seine Freiluftmöblierung bis hierhin aus, und nicht nur gesetzte Herren frönen exzessiv dem Boule-Spiel.

Kaum ein Quartier Aachens pflegt heute einen so regen Austausch, ist derart gut vernetzt wie die Bewohner des Frankenberger Viertels. Liebenswertes Indiz dafür: Die Schaukästen am mittlerweile geschlossenen alten Neumarkt-Kiosk sind seit vielen Jahren das Schwarze Brett des Viertels, hier werden Wohnungen getauscht, Fahrräder verkauft oder Babysitter gesucht.

Adresse Neumarkt, 52066 Aachen | ÖPNV Bus 33, 34, 57, Haltestelle Viktoriaallee | Tipp Seit der Schließung des Kiosks am Neumarkt ist der Tabakladen Jurewicz (Bismarckstraße 107) zur inoffiziellen Neuigkeitenzentrale des Frankenberger Viertels geworden. Hier wird noch der gepflegte Befindlichkeitsplausch an der Theke zelebriert.

57 Der Ostfriedhof

Vom Gottesacker zum Bürgerpark und zurück

Wie in so vielen Lebensbereichen brachte die Zeit der französischen Verwaltung auch Veränderungen für das postirdische Dasein in Aachen. Bis dahin hatte man die Menschen vorwiegend in der Nähe oder gar in den Pfarrkirchen beerdigt. Nach kaiserlicher Verfügung wurden Friedhöfe ab 1805 ausschließlich außerhalb der Stadtgrenzen angelegt. So bewies man mit dem Ostfriedhof womöglich gar Weitsicht, liegt er doch außerhalb des Zentrumsrings und weit vor dem damals noch existenten Adalbertstor. Nach etlichen Erweiterungen misst sich der Ostfriedhof heute in Sachen Größe mit anderen Aachener Grünflächen wie dem Stadtgarten oder dem Westpark. Wenn auch hier die Lage im wahrsten Sinne des Wortes eine andere ist.

Taucht man durch das Tor am Adalbertsteinweg in das Areal ein, lässt die Szenerie kaum ein anderes Attribut als »malerisch« zu. Auf Wegen in Straßenzuglänge finden sich zahlreiche Säulen, Hochkreuze, Skulpturen, Plastiken und verzierte Grabplatten. Deren Erscheinungsbild schwankt zwischen Kunst und Kitsch, zwischen Erhabenheit und Morbidität. Ein Abriss verschiedener Lebensrealitäten auf altehrwürdigem Ruhegrund, eingebettet zwischen reichem Baumbestand und kleinen Grünterrassen. Seit seiner Einsegnung im Jahr 1803 erzählt der Ostfriedhof auch unzählige Aachener Familiengeschichten, die hier in mehreren Generationen zusammengefunden haben. Nicht wenige bauten sich und ihren Familien hier regelrechte Denkmäler. Aber auch Bürgermeister, Bischöfe, Fabrikanten und Intellektuelle sind hier begraben, Aha-Momente also vorprogrammiert.

Ab 1970 wurde die Anlegung neuer Grabstätten wegen des lehmigen Untergrundes für zehn Jahre ausgesetzt. Im Aachener Dialekt hieß der Ostfriedhof deswegen ohnehin längst »Tolbetsleäm« (von »Adalbertslehm«). Seit 1989 sind hier nur noch Urnenbestattungen möglich. Es besteht aber die Möglichkeit, sich in einer der denkmalgeschützten Grabstätten »einzumieten«.

Adresse Adalbertsteinweg 123, 52070 Aachen | ÖPNV Bus 2, 12, 22, 23 sowie alle »Fünfer-Linien« von 5 bis 75, Haltestelle Josefskirche | Öffnungszeiten täglich 7 – 18 Uhr | Tipp Der Förderkreis Ostfriedhof e.V. bietet regelmäßig Führungen an. Historiker Dr. Holger A. Dux weist bei den Rundgängen auf bauliche und geschichtliche Besonderheiten hin und hat etliche Anekdoten über die »Bewohner« des Friedhofs parat (Termine unter www.ostfriedhof.de).

58 Potatoman's Diner

Fast-Food-Oase in der kulinarischen Diaspora

Mit dem »Potatoman's Diner« hat sich Franz Reinartz in ein kulinarisches Outback begeben. Umgeben von Autohäusern und einem umstrittenen Pharmariesen liegt sein Schnellrestaurant nach US-Vorbild an der Neuenhofstraße. Zwar hat der hiesige BMW-Vertragshändler mit seinem Gastro-Ableger den besseren Ausblick zu bieten. Dafür ist das Ambiente 200 Meter weiter in Reinartz' Fast-Food-Flachbau jedoch ungleich spannender, die Speisekarte nicht nur wegen des Schärfegrads der Chilisoße feuriger.

Mit 50 erfüllte sich der Hausherr den lang gehegten Traum von der Selbstständigkeit. Reinartz ist gelernter Koch und hat in Deutschland, Belgien und sogar Kanada gearbeitet. Dort bekam der herzliche Brillenträger auch den Namen »Potatoman« verpasst. Seine Burger sind bereits zur Legende unter hiesigen Fast-Food-Junkies geworden, angeboten in einer ungeheuren Anzahl von Variationen. Anfangs importierte Franz Reinartz seine scharfen Würzsoßen noch selbst aus den USA, heute geht's per Internet. Auch die Softdrinks stammen aus Originalabfüllung in den Staaten. Die »Rocking 50's« sind offensichtlich »seine« Zeit. Und so sieht der Laden auch aus. Den Großteil der Möblierung hat er liebevoll gesammelt. Die musikalische Berieselung liefert ein Oldie-Kanal des Bayerischen Rundfunks. Kein Zweifel: Der »Potatoman« hat sein Glück hier draußen im Gewerbegebiet gefunden.

Der Hang zur Selbstüberschätzung seiner Kunden war es, der den Chef mittlerweile zur Einstellung der legendären Scharf-ess-Wettbewerbe veranlasste. Geschichten über drohende Gesundheitsschäden und großmäulige, später aber ziemlich »mundtote« Besucher aus Köln hat Franz Reinartz etliche parat.

Beim Besuch könnte womöglich eine hochbrisante Frage auftreten, die der Hausherr aber gerne und augenzwinkernd beantwortet: Warum ist das Wort »A****loch« hier keine Beleidigung, sondern eine Auszeichnung?

Adresse Neuenhofstraße 129, 52078 Aachen | **ÖPNV** Bus 34, Haltestelle Zieglerstraße | **Öffnungszeiten** Mo 6–14 Uhr, Di–Fr 6–14 Uhr und 17.30–22 Uhr, Sa 8–11.30 (nur Frühstück) | **Tipp** Folgt man der Neuenhofstraße ein Stück stadteinwärts, öffnen sich rechts bewirtschaftete Felder, die von Spazierwegen durchzogen sind.

59 Prozitron

Ateliersozietät und Zeigeraum plus X

Abends wird die Lothringerstraße zur Einfallstraße ins Frankenberger Viertel. Dann drückt sich so mancher die Nase am hell erleuchteten Schaufenster des Ladenlokals im Haus mit der Nummer 91 platt. Drinnen arbeitet Alfred Reuters an einer Staffelei. Die Zaungäste, die auf dem Weg zu den Lokalen und Restaurants rund um den grünen Park sind, stören ihn dabei wenig. Gelegentlich kommt es zwar zur »Anteilnahme« der etwas infantileren Art, doch das sieht Reuters sehr gelassen.

Wahrhaft interessierte Besucher sind zu den offiziellen Öffnungszeiten und überhaupt immer, wenn jemand im Atelier ist, willkommen. Totale Offenheit gehört bei Prozitron zum Konzept. Denn das Ladenlokal dient nicht nur als Arbeits- und Ausstellungsraum, sondern ist darüber hinaus auch Ort des künstlerischen und sozialen Austauschs.

Prozitron, das sind heute die Malerin Sylvia Nirmaier und eben Alfred Reuters. Die Ateliergemeinschaft hat eine durchaus bewegte Geschichte hinter sich. Seit der Gründung Mitte der 1990er Jahre gab es Umzüge, Umbenennungen und eine variierende Anzahl an Mitstreitern. Mittlerweile hat sich das Projekt also als Ein-Mann-und-eine-Frau-Unternehmen etabliert. Befreundete Künstler dürfen hier aber auch ausstellen, und regelmäßig wird zur jährlich in Aachen stattfindenden Kunstroute groß ausgeräumt und ganz viel Frisches aus eigener und fremder Produktion aufgehängt. Traditionell steigt am 1. Mai eine große Party. Auch kleinere Events wie Konzerte und Lesungen finden hier statt. Allerdings ist der Platz begrenzt. Man sollte sich also auf eher intime Veranstaltungen einstellen.

Wer es denn zu keinem der Termine schafft, sollte unbedingt »nur mal so« vorbeischauen. Vielleicht nirgendwo sonst in Aachen kann man Künstlern so selbstverständlich bei der täglichen Arbeit über die Schulter schauen und sich – möglicherweise auch zum spontanen Kunstkauf – inspirieren lassen.

Adresse Lothringerstraße 91, 52070 Aachen | **ÖPNV** Bus 33, 34, 57, Haltestelle Schlossstraße | **Öffnungszeiten** Fr 17 – 24 Uhr, Sa 12 – 18 Uhr, 1. So im Monat 12 – 18 Uhr | **Tipp** Kultstatus genießt inzwischen die Gemälde-Serie »Der tote Hund der Woche« von Alfred Reuters. Jeden Freitag geht eine der kleinformatigen Arbeiten auch über Facebook in den Verkauf.

60 Der Pulverturm

Der »Lange« erzittert nur noch unter Party-Feuer

Das wohl exklusivste Studentenwohnheim der Stadt liegt in diesem alten Wehrturm aus dem frühen 14. Jahrhundert. Eine auserwählte Anzahl Jungakademiker darf sich durchaus glücklich schätzen, eines der fünf Zimmer zu bewohnen. Auserwählt auch deshalb, weil die jeweils aktuellen Mieter über Neuzugänge entscheiden. Zwar bekommen die temporären Burgfräuleins oder -männleins historisches Ambiente gratis, müssen allerdings ob der besonderen Beschaffenheit ihrer Behausung auf manchen Standard verzichten. So soll eine funktionierende Dusche zu den eher späten Errungenschaften dieser besonderen WG gezählt haben.

Bewegt man sich auf streng historischen Pfaden, so findet man die weithin sichtbare Anlage meist als »Langen Turm« verzeichnet. Der geläufige Zweittitel ergibt sich aus der Tatsache, dass der Bruchsteinbau im 19. Jahrhundert als Munitionsdepot genutzt wurde. Als eines von sieben erhaltenen Zeugnissen des mittelalterlichen zweiten Befestigungsrings liegt der Turm zwar exponiert auf einem 204 Meter hohen Hügel, führt aber wegen der ihn heute umgebenden Verkehrswege ein relativ beschauliches Dasein. Laufkundschaft oder Stadtführer steuern die Insellage selten an, und selbst viele Ur-Öcher kennen den Pulverturm nur vom Vorbeifahren. Leider, möchte man ihnen von den erst nachträglich aufgesetzten Zinnen hinab zurufen.

Wie viele der historischen Aachener Bauwerke hatte auch der »Lange« über die Jahrhunderte unter den verschiedenen Aggressoren zu leiden, die sich in Richtung Talkessel vorkämpften. Den heftigsten Knuff bekamen die Mauern wohl während des Dreißigjährigen Krieges, als spanische Soldaten den Turm vom nahen Königshügel unter heftigen Beschuss nahmen. Später waren es Blitzeinschläge und zuletzt ein Erdbeben im Jahr 1992, die das einstige Pulverfass in Wallung brachten. Aktuell zittern die Mauern höchstens unter studentischem Party-Feuer im Gewölbesaal.

Adresse Junkerstraße 101, 52064 Aachen | **ÖPNV** Bus 13 A / B, 15, 23, 65, 75, Haltestelle Turmstraße | **Öffnungszeiten** Der neugierige Besucher ist auf die Gastfreundschaft der studentischen Hausherren angewiesen. | **Tipp** Unterhalb des Turms befindet sich an der Königstraße ein schmuckes Zollhäuschen von 1836. Der zweiachsige Bau ist nach seinem Erbauer auch als Leydelscher Pavillon bekannt. Der Straßenname geht auf die einst hier durchreisenden Monarchen zurück.

61 Das Rogowski-Institut

Wissenschaft hinter »hohler« Fassade

Neben dem Hauptgebäude der RWTH am Templergraben prägen bis heute etliche weitere, an die 100 Jahre alte Institutsbauten das Bild des zentralen Universitätsviertels. Nicht selten stehen sie an wenig exponierter Stelle fernab der üblichen Pfade und locken abgesehen von der Studentenschaft kaum Besucher an. Trotzdem können sie deutlich mehr Charme vorweisen als die Sammelbauten neuerer Zeit. So findet sich manch architektonisches Kleinod aus der Blütezeit technischer und von der Industrialisierung geprägter Hochschulzweige am Beginn des 20. Jahrhunderts.

An einer dieser wenig frequentierten Straßen liegt auch das Rogowski-Institut. Offiziell firmiert der schlichte, aber gewaltige Bau mit der spannenden konkaven Fassade zur Schinkelstraße hin als Institut für Elektrotechnik. Seinen geläufigen Namen hat es von dem Mann, der sich maßgeblich um dessen Errichtung bemüht hatte. Walter Rogowski hatte seit 1920 den Lehrstuhl für Allgemeine und Theoretische Elektrotechnik inne. Neun Jahre später war die neue Heimat im Rücken des Hauptgebäudes fertig. Bis dahin hatten an der Schinkelstraße bereits die Architekten ihre akademischen Zelte im 1908 erbauten Reiff-Museum aufgeschlagen. Den Zweiten Weltkrieg überstand das vierstöckige Gebäude relativ unbeschadet, so konnte auch Rogowski hier nach Wiedereröffnung der TH und bis zu seinem Tod 1947 wieder lehren und forschen. Heute beherbergt das Institut noch immer Hörsäle sowie den Hauptverteiler für die hochschuleigenen Datennetze.

Dass unter seiner Leistung etwa ein Hochleistungs-Kathodenstrahl-Oszillograph entwickelt wurde, gehört zu den vielen zwar allgemein wenig bekannten, aber wissenschaftlich wertvollen Highlights der Rogowski-Ära. Der Politik des Naziregimes enthielt sich der gebürtige Westfale trotz Parteibuch weitgehend. Nach Räumung der TH 1944 und versuchter Flucht nach Belgien saß Walter Rogowski zeitweise gar in Haft.

Adresse Schinkelstraße 2, 52062 Aachen | **ÖPNV** Bus 13 A / B, Haltestelle Technische Hochschule | **Öffnungszeiten** zu den Vorlesungszeiten | **Tipp** Ein Stück weiter oben an der Schinkelstraße überdacht ein von Architekturstudenten erdachter »Riesen-Carport« einen Teil des Hochschulparkplatzes. Nicht unbedingt schön, aber wegen seiner Fertigungs- und Bauweise selten.

62 Das Rosviertel

Wo das Streuengelchen über der Nadelfabrik schwebte

Zugegeben, mit dem Wort Romantik sollte man selbst in einer von alter Bausubstanz geprägten Stadt und in einem »alternativen Reiseführer« besser nicht um sich werfen. Wenn aber nachmittags die Sonne über dem 1759 erbauten Roskapellchen steht und das Licht über den kleinen Platz auf die schmale Straße fällt, versteht man, was Lipette Jungbecker einst meinte: Um diese Tageszeit werde ihre Wohnung in der Rosstraße zum Paradies, erklärte die im Herbst 2011 verstorbene »Modder vajjen Rues« einst.

Wohl kaum jemand hat das alte Quartier zwischen Jakobs- und Hubertusstraße so geprägt wie die einstige Seniorchefin der traditionsreichen Nadelfabrik in der Rosstraße 9–13. Mehr als 70 Jahre lang hat sie im Viertel gelebt – bis zuletzt in ebendieser Wohnung, wo das Licht ab dem Nachmittag so schön einfiel. 1937 hatte die in Lothringen geborene Frau, die eigentlich Elisabeth hieß, den Nadelfabrikanten José Jungbecker geheiratet und war in die Rosstraße gezogen. Mitten hinein also in dieses einst außerhalb der ersten Stadtmauer gelegene Viertel mit seiner über 700-jährigen Siedlungstradition.

Dort sollte sie in den folgenden Jahren die Traditionspflege rund um das der Marienverehrung gewidmete Roskapellchen entscheidend mitprägen. Ihr Engagement, etwa als Vorsitzende des über 300 Jahre alten Vereins »Streuengelche van de Rues«, brachte ihr das Bundesverdienstkreuz ein. 1988 stiftete sie die kleine Bronzefigur, die neben der schmucken Kapelle an die alte Tradition des Streuengelchens erinnert. Bis heute erfreuen sich während der jährlichen Kirmes die Kinder an den Süßigkeiten, die das mechanische Engelchen hoch über ihren Köpfen ausschüttet.

Das gute Wasser der Pau zog über die Jahrhunderte verschiedene Industriezweige in den Schatten der Jakobskirche: Neben Nadelfabriken nutzten auch Brauer, Gerber und Tuchfärber den hier verlaufenden Bach, der sogar Mühlräder in Bewegung hielt.

Adresse Rosstraße und Umgebung, 52064 Aachen | **ÖPNV** Bus 12, 15, 23, 24, 25, 35, 45, 55, 65, 75, Haltestelle Annastraße / Hans-Stercken-Platz | **Tipp** Zwar werden in der Rosstraße 9 – 13 schon lange keine Nadeln mehr hergestellt, ein Blick in den Innenhof mit seinem auch nach umfassender Renovierung erhaltenen Fabrikcharakter lohnt sich aber in jedem Fall.

63 Der Salsa-Abend am Elisenbrunnen

Sonntags tanzt Aachen feurig

Die Stadt Karls des Großen definiert sich bekanntlich gern als hochgradig weltoffen, besteht hartnäckig und sicherlich verdient auf den Titel »Europastadt«. Doch ach, zarte Pflänzchen von mediterranem Flair werden nicht selten vom Öcher Regen ertränkt. Wohl dem, der sich sonntags unter Aachens zweitbekannteste Kuppel (nach dem Oktogon des Doms) einfindet: Auf bestem belgischem Granit und unter einem 2009 zuletzt erneuerten weißen Horizont geben sich zwischen März und Oktober die Latino-affinen unter den Grenzlandbewohnern dem Open-Air-Tanzvergnügen hin.

Der Status Aachens als international angesehene Bäderstadt brachte neben illustrer Gästeschar, nachzulesen auf Tafeln in der Rotunde, auch die Erbauung des Elisenbrunnens mit sich. Kaum zu glauben, dass dieses Wahrzeichen nach dem Zweiten Weltkrieg beinahe aus dem Stadtbild verschwunden wäre: Ein Wettbewerb sammelte Alternativvorschläge zu der nahezu vollständig zerstörten Säulenanlage, die von der Bevölkerung jedoch allesamt in der Luft zerrissen wurden. Das Ergebnis der Debatte ist bekannt wie sichtbar, die Imposanz der ursprünglich 1827 fertiggestellten Anlage ebenso.

Von Mai bis September konkurrieren die Anhänger des lateinamerikanischen Paarvergnügens übrigens im wöchentlichen Wechsel friedlich mit den Freu(n)den des Tango Americano. Wie auch immer man den Takt zählen mag, der Do-it-yourself-Anspruch auf der Tanzfläche überträgt sich derweil auf die Rahmenbedingungen, bei denen schlichtweg Improvisation gefragt ist. Speisen und Getränke? Bitte selbst mitbringen. Sitzmöglichkeiten ebenso. Tanzpartner? Selbst … nein, halt, glücklicherweise warten auch immer wieder vermeintliche Solisten auf die ultimative Aufforderung, wenn sie denn nicht selbst aktiv werden. Fest steht: So feurig wie sonntags erlebt man die Aachenerinnen und Aachener eher selten.

Adresse Friedrich-Wilhelm-Platz, 52062 Aachen | **ÖPNV** Nahezu alle innerstädtischen Busse halten am nahen Elisenbrunnen. | **Öffnungszeiten** Salsa: März – Sept. jeden 1. und 3. So sowie Juli, Sept. ggf. jeden 5. So, Okt. jeden 4. So 18 – 22 Uhr; Tango: Mai – Sept. jeden 2. und 4. So 18 – 22 Uhr | **Tipp** Bis in die 1970er Jahre schmückte der Seepferdchen-Brunnen von Bildhauer Jupp Zeller die helle Rotunde. Das Bronzedenkmal steht heute in der Burtscheider Kapellenstraße.

64 Der Sauerbraten-Palast

Alt-Aachener Speisekultur

In den letzten Jahren ist auch Aachen um einige Traditionslokale ärmer geworden. Das beliebte Speisehaus Zipprath in der Rosstraße etwa schloss 2008, für die Gaststätte Printen am Jahnplatz hieß es 2011 für immer »Adie«. Aachener Spezialitäten stehen bei »Ureinwohnern« und Zugezogenen allerdings immer noch hoch im Kurs, wie der rege Zulauf in den verbliebenen Lokalen beweist. Auf deren Speisekarten findet man noch immer den rheinischen Sauerbraten nach Aachener Art.

Das Epizentrum der hiesigen Sauerbraten-Kultur ist ohne Zweifel der gleichnamige Palast auf der Vaalser Straße. Hier regiert Wirtin Else über rund 30 Quadratmeter Speisehaustradition, und das bereits seit 35 Jahren. Nach dem Motto »Hart, aber herzlich« erhalten Gäste hier Empfehlungen zur Speisekarte (»En Salätchen dazu?«) oder zur Getränkeauswahl (»Lecker Pils dabei?«) und werden, ehe sie sich versehen, zu »Kengche« (Kindchen) des Hauses.

Die Einrichtung lässt sich wohl am besten als rustikal beschreiben, und der Gastraum geht ohne Übertreibung als kleines Stadtmuseum durch, was bei Alt-Aachenern sicherlich manche »Erennerongk« weckt. Zahlreiche historische Fotos an den Wänden zeugen beispielsweise davon, dass in Aachen einst eine Straßenbahn fuhr, und von den vielen im Zweiten Weltkrieg zerstörten architektonischen Kleinoden.

Selbstredend findet sich unter den »Exponaten« irgendwo auch ein Stück Karnevalsdekoration. Normal. Herr der Töpfe im Sauerbraten-Palast ist Ehemann Heinz, besser bekannt als Fritten-Hein, der unlängst sogar im Internetportal eines Lokalradiosenders per Podcast ureigene Rezept-Tipps verriet.

Das Fleisch für den Sauerbraten stammt – zumindest in Aachen – übrigens nicht mehr wie ursprünglich vom Pferd, sondern vom Rind. Dass das mit der Nachwuchserhaltung für das alljährliche Reitturnier CHIO zu tun hat, ist allerdings ein unbestätigtes Gerücht.

Adresse Vaalser Straße 316, 52074 Aachen | **ÖPNV** Bus 3 A / B, 25, 35, 45, 55, Haltestelle Venskyhäuschen | **Öffnungszeiten** Mo, Di, Do, Fr 12 – 15 und 17 – 23 Uhr, Sa, So 12 – 15 und 17 – 22 Uhr | **Tipp** Verdauungsspaziergang gefällig? Vom Sauerbraten-Palast aus lässt sich sowohl ein schnelles Ründchen über den Westfriedhof drehen als auch eine größere Tour über den Gemmenicher Weg ins Grüne starten.

65 Die Schatzkammer von St. Johann Baptist

Reliquien im Schutz des Pferdestalls

Eigentlich gilt der zweite Platz ja allgemein als undankbar. Doch wer sich rühmen kann, den bedeutendsten Kirchenschatz der Region neben dem Aachener Dom zu beherbergen, darf sicherlich mit ein wenig stolz seine schweren Türen öffnen. So geht die Reliquiensammlung der ehemaligen Abteikirche St. Johann Baptist als unbedingtes Highlight eines Besuchs des bis 1897 eigenständigen Stadtteils Burtscheid durch.

Die weit sichtbar auf dem Abteiberg thronende Kirche darüber gilt als bedeutendstes barockes Gotteshaus zwischen Maas und Rhein. Im Jahr 997 gründete der kalabrische Abt Gregor das Burtscheider Benediktinerkloster. Seitdem stand hier eine Kapelle, später die erste größere romanische Kirche. Die heutige Barockkirche wurde unter Stadtbaumeister Couven zwischen 1736 und 1754 errichtet. Nach der Zeit der französischen Besatzung diente sie ab 1806 als Pfarrkirche. Die Asche des Abteigründers wird seit 1999 in einer Urne im Hochaltar aufbewahrt.

Der Abteischatz besteht im Wesentlichen aus liturgischen Geräten, Reliquien, Ikonen und Messgewändern. Als bedeutendste Stücke gelten die Nikolaus-Ikone (um 1100 in Konstantinopel gefertigt), ein Äbtissinnen-Doppelkreuz von um 1230 und das Johannis-Reliquiar aus dem Jahr 1360, in das ein Armknochen des Namenspatrons eingearbeitet ist. Zweimal musste der Schatz ausgelagert werden: während der Franzosenzeit ab 1794 und der einhergehenden Enteignung von Kirchengütern und danach noch einmal im zerstörerischen Kriegsjahr 1944. Wie bei so vielen Kostbarkeiten aus alter Zeit musste man sich auch hier etwas einfallen lassen. Zu Napoleons Zeiten war der Schatz in einem Pferdestall wenig würdig, dafür sicher untergebracht. 1944 wurden die Reliquien im Keller eines Kirchenvorstandsmitglieds an der Karl-Marx-Allee eingemauert.

Adresse Abteiplatz, 52066 Aachen | **ÖPNV** Bus 1, 11, 21, 46, SB 63, Haltestelle Marienhospital | **Öffnungszeiten** jeden 1. Samstag und 3. Mittwoch im Monat zu besichtigen; Führungen beginnen um 15 Uhr und sind im Eintrittspreis enthalten | **Tipp** Neben der Schatzkammer verbirgt sich eine weitere Besonderheit unter den barocken Mauern: Im ebenfalls zu besichtigenden Totenkeller wurden im 18. und 19. Jahrhundert Äbtissinnen, Geistliche der Pfarre und Burtscheider Bürger beigesetzt.

66 Das Schlüsselloch

»Steinhart«: Deutschlands älteste Rockkneipe

Frei nach dem schönen Motto »Dem einen unbekannt, dem anderen Wunderland« firmiert am Boxgraben seit 1982 die wohl urwüchsigste Alternative zur gleichgeschalteten Erlebnisgastronomie. Deutschlands nach eigenem Bekunden älteste Rockkneipe gönnt sich obendrauf den schönen Slogan »Steinhart«, der nicht nur für die Musikauswahl, sondern auch für den Wirt gelten könnte. Betrieben wird die Kneipe von Unikum Herbert Senden, dem man an sonnigen Tagen immer mal wieder mit Lederweste bekleidet am Steuer seines dreirädrigen Fahrzeugs begegnet, das er mit der frischen gläsernen Fracht für die Gäste manchmal recht gefährlich voll beladen hat.

Letztere sammeln sich dann allabendlich an der kleinen Theke, hocken auf einer der einfachen Bierbänke oder messen sich am Kickertisch. In echte Kneipenmöbel hat Senden nicht investiert, dafür aber ins Ambiente: Rockerreliquien, hinterlassen von Aachener Szenegrößen, die immer wieder auftreten. Poster an der Decke, Heavy-Metal-Memorabilien in jeder freien Ecke sowie eine nicht zu verhehlende Amerika-Sympathie bestimmen die Einrichtung. Gnadenlos mischt der Hausherr die Stile. Hinzu kommt ein einzigartiger »Instrumentenfriedhof« mit allerlei Relikten der hier gastierenden und mit dem Haus bestens bekannten Musiker. Wer braucht schon bequeme Polster, wenn es was zu gucken gibt?

Selbstverständlich funktioniert keine Rockkneipe ohne Livemusik, und so stehen hier immer wieder teils internationale Formationen auf der Mini-Bühne, die eigentlich eine Ecke ist. Sie machen dann dem Lautstärkepegel der Bum-Bum-Beschallung im gegenüberliegenden Neo-Friseursalon gitarrenwarme Konkurrenz. Ansonsten gilt für die Ein-Mann-Rockarmee Herbert Senden in Sachen Programmauswahl: dem Nachwuchs eine Chance! Deshalb dürfen auch immer wieder mehr oder weniger langhaarige Lokalhelden ran, um Aachens langjährige Rock- und Heavy-Metal-Tradition am Leben zu erhalten.

Adresse Boxgraben 51, 52064 Aachen | ÖPNV Bus 1, 2, 3 A / B, 5, 11, 13 A / B, 14, 16, 21, 46, 53, N3, N5, Haltstelle Misereor | Öffnungszeiten Mo – Sa ab 20 Uhr, Ende offen | Tipp Hin und wieder steigen an Sommerabenden spontane Livesessions draußen auf dem Bürgersteig. Organisierter Open-Air-Genuss passiert einmal im Jahr in der Südstraße um die Ecke, wenn das beliebte und musikalisch fein besetzte Straßenfest steigt.

67 Die Siedlung Panneschopp

Zweckorientierter Wohnungsbau der Weimarer Zeit

Als in den ausgehenden 1920er Jahren auch Aachens bis dahin blühende wie vielfältige Industrie von der sich anbahnenden Wirtschaftskrise erfasst wurde, brachten die Stadtoberen den Bau von Arbeitersiedlungen auf den Weg. Diese entstanden meist außerhalb des Zentrums auf bis dahin weitgehend unbebautem Gebiet, das höchstens von Landgütern besiedelt war.

Ein solches Gut war auch der Hof Panneschopp, stadtauswärts gen Osten nahe der heutigen Stolberger Straße gelegen. Hier entstand in den Jahren 1929 und 1930 ein Wohnkomplex, der sich über insgesamt sechs Straßen erstreckt beziehungsweise diese tangiert. Ein zentrales Kreuz bilden Leipziger und Lützowstraße. Letztere ist benannt nach dem preußischen Generalmajor Freiherr von Lützow, der sich zwischen 1813 und 1814 in den Befreiungskriegen gegen Frankreich etliche Verdienste erwarb. In der parallelen Steubenstraße erinnert eine kleine Tafel an einen weiteren preußischen Militär. Er reformierte ab 1777 in zweiter Karriere die nordamerikanischen Truppen im Unabhängigkeitskrieg gegen Großbritannien.

Die durchgehenden Häuserzeilen bestehen aus viergeschossigen Putzbauten mit flachen Dächern. Sparsame Gestaltungselemente bilden braune Ziegelsockel und -bänder auf Fensterhöhe. Ein kleiner zentraler Platz mit schlichten Säulen liegt auf der Hälfte der Lützowstraße. Von der Zugangsseite Elsassstraße lassen zwei Ladenlokale an die ehemalige Infrastruktur im Mikrokosmos Panneschopp denken. Insgesamt regiert hier architektonische Zweckmäßigkeit, die ihre Spannung aber aus dem weitgehend erhaltenen ursprünglichen Erscheinungsbild bezieht.

In den Hinterhöfen bietet sich noch heute ein fast idyllisches Bild mit langen Reihen von Wäschestangen. Als Teil des Nationalitätenschmelztiegels namens Ostviertel macht die Panneschopp-Siedlung das einfache Leben und Wohnen in der Weimarer Zeit sicher ein Stück weit fühlbar.

Adresse Lützowstraße / Leipziger Straße und Umgebung, 52068 Aachen | **ÖPNV** Bus 23, 43, Haltestelle Hohenzollernplatz | **Tipp** Über die Siedlung Panneschopp hinaus finden sich im Aachener Ostviertel weitere »kriegerisch« geprägte Straßenzüge mit Arbeiterhäusern, darunter die Sedanstraße, die vom Hohenzollernplatz zum Adalbertsteinweg führt. Der Name erinnert an die Stadt Sedan, wo deutsche Armeen im Krieg von 1870 / 1871 eine französische Kapitulation erzwangen.

68_Das Stehgraa

Europas kleinste Kneipe

Auf eine Adelung durch die zweifelhaft-berühmte Zeitung mit den vier Buchstaben mag man andernorts gern verzichten. Im Stehgraa ist man jedoch eher stolz, dass das Springer-Blatt vor über 30 Jahren den Ausnahmestatus des buchstäblichen Kneipenkleinods erkannt und einen Porträt-Artikel mit dem Attribut »Kleinste Kneipe Europas« überschrieben hat.

Schnell erlebt man nach Betreten des Traditionskneipchens dessen rares Platzangebot am eigenen Leib. Daraus wurde allerdings eine humorige Tugend gemacht: So sind die übersichtlichen Winkel des Raumes mit wenig bescheidenen Ortsmarken à la »Saal« oder »Wintergarten« ausgewiesen. Dahinter verbergen sich jeweils die wenigen Quadratmeter zu beiden Enden des Tresens. Welchen Bereich der Hinweis »Tropfsteinhöhle« kennzeichnet, dürfte schnell klar sein. Der schmale Raum zwischen Theke und Wand erlaubt lediglich eine zweite Stehreihe hinter den Tresenplätzen. Dort stehen sie, die »Fotte Rüücher«: Auf unnachahmliche Öcher Art wird so die gezwungene Nähe zu Vordermann und Vorderfrau in ein geflügeltes Wort gefasst.

Das Publikum ist selbst an Wochenenden und trotz bester City-Lage keinesfalls touristisch geprägt. Vielmehr sammelt sich hier seit jeher eine wilde Mischung aus Freunden des Hauses, »Flüchtigen« vom gegenüberliegenden Stadttheater und feierlustigem Jungvolk. Trotz mitunter skeptischer Inaugenscheinnahme durch das Stammpublikum ist hier jeder willkommen, der sich in die geordnete Zügellosigkeit einfügt, sein Bierchen trinkt und ein anerkennendes Auge auf die »Ahnengalerie« an der Wand wirft. Von der erlesenen Bilderauswahl sollte man sich allerdings nicht täuschen lassen, denn nicht wirklich alle dort verewigten Stars und Sternchen haben das Stehgraa tatsächlich besucht, wie die Wirtin freundlich lächelnd zugeben muss. Was den einen oder anderen Aha- und Guck-mal-Moment beim Bier nicht weniger unterhaltsam macht.

Adresse Kapuzinergraben 2, 52062 Aachen | **ÖPNV** Nahezu alle innerstädtischen Busse halten am nahe gelegenen Elisenbrunnen. | **Öffnungszeiten** Mo – Sa 12 – 3 Uhr | **Tipp** Ungleich geräumiger präsentiert sich das nebenan gelegene »Mutterschiff«: Im Aachener Brauhaus wird neben Muscheln und Deftigem auch eine äußerst empfehlenswerte Schnitzelauswahl angeboten.

69 Die Sternwarte

Denkmalgeschütztes Tor ins All

Mitten in der Kleingartenanlage am Hangeweiher kommen die Aachener dem Himmel ein Stückchen näher. Wenn das Firmament über dem Talkessel einem alten Klischee folgend nicht gerade von Wolken verhangen ist, lebt man hier seit 1935 ungetrübt und mit einem Fernrohr aus dem Jenaer Traditionshaus Zeiss die uralte menschliche Lust am Sternegucken aus – wissenschaftlich wie weltlich bewegt. Mondfinsternis, Sternenregen, Kometenschweif – die großen astronomischen Ereignisse waren und sind unter der seit 2006 im Aluminiumglanz erstrahlenden Kuppel erlebbar.

Impulsgeber für den Bau war bereits viele Jahre zuvor der Aachener Oberschullehrer Eduard Heis, der schon Mitte des 19. Jahrhunderts einen »Himmelsposten« an der Bürgerschule am Katschhof unterhalten hatte und später als Professor für Astronomie an der Uni Münster lehrte. Wie so viele Gebäude ist auch die Sternwarte im letzten Weltkrieg ziemlich zusammengeschossen worden, sie diente in diesen Jahren als Flak-Beobachtungsposten. Die Originalgeräte konnten jedoch dank des Einsatzes der Aachener Kosmos-Jünger rechtzeitig im Keller des Aachener Rathauses in Sicherheit gebracht werden. So sind sowohl Bausubstanz als auch Ausstattung der »Volkssternwarte« weitgehend im ursprünglichen Zustand erhalten. Denkmalschutz versteht sich an dieser Stelle geradezu von selbst.

Seit 1945 unterhält die Volkshochschule den Betrieb. Im Kuppel- sowie im Seminarraum werden regelmäßig Astronomiekurse und Vorträge »nicht nur für Mondsüchtige« angeboten. Führungen finden rund ums Jahr statt, außer in den hellen Nächten im Juni und Juli, in den Ferien sowie an gesetzlichen Feiertagen. Schließlich haben wir es mit einer städtischen Einrichtung zu tun. Einzelpersonen, Gruppen und Schulklassen sind jedenfalls zum Blick in den Himmel über Aachen stets willkommen. Und vielleicht entdecken sie sogar den Mondkrater, der nach Gründervater Eduard Heis benannt ist.

Adresse Am Hangeweiher 23, 52074 Aachen | ÖPNV Bus 2, Haltestelle Yorckstraße | Öffnungszeiten Sa ab 20 Uhr (Winterzeit) / ab 21 Uhr (Sommerzeit), Gruppen nach Anmeldung bei Kurt Schaefer, Tel. 0241 / 5153025 | Tipp Bei Tageslicht lohnt sich unbedingt ein Spaziergang durch die umliegende Kleingartenkolonie. Hier findet man auf 30.000 Quadratmetern das ganze Spektrum stadtnaher Laubenkultur – von Gartenzwerg bis Bioanbau. Bitte beachten: Zaun heißt Zaun, Privatsphäre heißt Privatsphäre.

70_Der Sutroweg

Späte Würdigung für den fast vergessenen Sohn

Es ist nicht unbedingt eine Prachtstraße, die seit 2011 an einen großen Unternehmer, Wohltäter und Bürgermeister von San Francisco erinnert. Die gerade einmal rund 50 Meter lange Verbindung zwischen Hirschgraben und Bergdriesch trägt den Namen eines hierorts kaum bekannten Aacheners, der bereits mit 18 Jahren seine Heimat verließ und mit der Familie in die USA übersiedelte. Ein großes Lebensabenteuer, an dessen Ende Adolph Sutro nicht nur zum erfolgreichen und wohlhabenden Geschäftsmann, sondern auch zum Bürgermeister seiner Wahlheimat San Francisco aufgestiegen war.

In seiner Geburtsstadt hält sich der Bekanntheitsgrad derweil in Grenzen. Dabei ist der 1830 geborene Fabrikantensohn neben Mies van der Rohe der wohl erfolgreichste Aachener im Ausland. In San Francisco begegnet man zahlreichen Spuren des Erfolges und der Wertschätzung für einen Mann, der trotz seines gesellschaftlichen Aufstiegs ein einfacher und wohltätiger Mensch geblieben sein soll.

Ganz in der Nähe des Weges stand die Textilfabrik, die Adolph Sutro bereits im Alter von 16 Jahren von seinem früh verstorbenen Vater übernommen hatte. Die jüdische Familie mit den elf Kindern wohnte am Bergdriesch. Als nach der Revolution 1848 die Geschäfte zusehends schlecht liefen, wanderten die Sutros nach Baltimore aus. Adolph ließ sich schließlich in San Francisco nieder. Dort stieg der Mann mit dem markanten Backenbart zum erfolgreichen Unternehmer auf. Mit einem bahnbrechenden Stollenprojekt revolutionierte er den Bergbau in den USA. 1894 wurde er schließlich Bürgermeister von San Francisco. Noch heute erinnern zahlreiche nach ihm benannte Bauwerke an den Ur-Aachener: Der Sutro Tunnel, der Sutro-Tower, das Sutro Cliff House oder gar der Mount Sutro zeugen vom bis heute anhaltenden Bekanntheitsgrad in der kalifornischen Metropole. In seine Geburtsstadt ist Adolph Sutro nie zurückgekehrt.

Adresse zwischen Hirschgraben und Bergdriesch, 52062 Aachen | **ÖPNV** Bus 4, 33, 47, Haltestelle Driescher Gässchen | **Tipp** Die Internetseite www.tuchwerk-aachen.de liefert zahlreiche Informationen zum einst so florierenden Wirtschaftszweig der Textilindustrie sowie zum Aachener Tuchmuseum und seiner immer noch im Aufbau befindlichen Sammlung.

71 Die Synagoge

Neues altes Haus für alle Völker

Das Terrorregime hatte ganze Arbeit geleistet. Als in der Nacht zum 10. November 1938 die Synagogen im ganzen Land brannten, gingen auch die letzten Hoffnungen der jüdischen Gemeinde Aachens auf ein Ende der Repressionen und Anfeindungen endgültig in Flammen auf. Die wenigen Fotos der Ereignisse zeigen den dicht bevölkerten Vorplatz, der heute wieder vor dem Gotteshaus liegt. Die Masse ist starr, niemand scheint sich zu bewegen oder gar zu erregen. Auch die Feuerwehr sieht nur zu. Verstörende Bilder.

Seit 1957 gibt es wieder eine Synagoge in Aachen. Der 1995 eingeweihte Neubau an alter Stelle versprüht Symbolkraft, auch für den Wunsch nach Aussöhnung. »Mein Haus soll sein ein Haus des Gebets für alle Völker«, steht auf Hebräisch über dem Eingangsportal. Mittlerweile gehört die Synagoge längst wieder zum Alltagsbild an der einst sündig-verschrienen Promenadenstraße. Bei regelmäßigen Führungen steht das Haus allen offen, ob und wie auch immer sie religiös bewegt sind.

Trotz Videoüberwachung und regelmäßiger Polizeipräsenz wurde die Außenmauer im März 2011 mit rechten Symbolen beschmiert. Viele Jahre lang gehörte ein rund um die Uhr postierter Streifenwagen zur Normalität am Vorplatz der Synagoge. Die Geister der Vergangenheit und ihre wirren Nachahmer zeigten sich dennoch, wie schon zuvor am jüdischen Friedhof, wo zuletzt 2010 rechte Parolen entfernt werden mussten.

Mehr als die Hälfte der jüdischen Gemeindemitglieder verließ Aachen nach den Pogromen. Eine von ihnen war Topsy Küppers, Schauspielerin und später Ehefrau des Wiener Liedermachers Georg Kreisler. Noch heute besucht sie die Stadt immer wieder für ein Gastspiel. Aber hier leben, so sagte Topsy Küppers 2005 in einem Interview, das könne sie sich nicht mehr vorstellen. Sie hinge aber auch nicht so sehr an Orten. Man kann nur wünschen, dass nicht die Aachener Erfahrungen sie zu dieser Haltung bewogen haben.

Adresse Synagogenplatz 23, 52062 Aachen | **ÖPNV** Bus 4, Haltstelle Willy-Brandt-Platz | **Öffnungszeiten** Zum freitäglichen Gottesdienst ist jeder Besucher willkommen, eine Anmeldung ist jedoch erforderlich unter Tel. 0241 / 477800. Führungen können außerdem individuell vereinbart werden. | **Tipp** Übereinandergeschichtete Glasplatten formen das Mahnmal auf dem Synagogenplatz, einen stilisierten Davidstern. Es steht bereits seit 1984 hier, also elf Jahre vor Fertigstellung der Synagoge.

72_Der Tierpark

(K)ein Zoo für die Euregio

So richtig scheinen sich die Aachener noch nicht an den neuen Namen gewöhnt zu haben. Zu prägend scheinen die bunten Schilder gewesen zu sein, auf denen jahrelang ein fröhliches Affenduo den »Öcher Gruß« präsentierte und für den Besuch warb. Seit Generationen heißt es dementsprechend: »Auf in den Tierpark« statt »Auf in den Euregiozoo«. Die beiden Primaten wurden mittlerweile via Logoerneuerung in Rente geschickt, heute tappen andere Sympathieträger des Parks durch die Werbelandschaft: Die Brillenpinguine sind eine Attraktion der jüngeren Geschichte im Drimborner Wäldchen.

Von seinem Reiz hat der 1966 eröffnete Tierpark indes nichts eingebüßt, im Gegenteil. In den 2000ern wurden etliche Anlagen renoviert, zahlreiche neue kamen hinzu. Die Bewohner drängten zügig nach, so beheimatet das knapp neun Hektar große Areal mittlerweile über 1.000 Tiere – heimische wie Exoten. Seit den Anfangstagen hat sich der Streichelzoo zum Klassiker entwickelt. Wenn der unerschrockene Aachener Nachwuchs inmitten einer Schar nassforscher Ziegen verschwindet, wechselt schon mal die Gesichtsfarbe der jungen Eltern draußen am Zaun. Für das hautnahe Erleben heimischer Tierarten lockt der Kinderbauernhof. Ein bemerkenswertes, weil nicht zoologisch geprägtes Kuriosum stellt ein römischer Sarkophag dar. Das gute Stück wurde 1793 auf einem Acker bei Eschweiler gefunden und gehört bis heute zum Inventar.

Bereits ab 1960 hatte sich der Förderverein Tierparkfreunde für die Anlegung von Freigehegen für heimische Tiere im Drimborner Wäldchen starkgemacht. Sechs Jahre später wurde unweit des gleichnamigen Alt-Aachener Ausflugslokals schließlich der »Kleintierpark« eingeweiht. Der Ort selbst hat seine eigene Tradition zu bieten. Im Wäldchen hatte sich seit dem 15. Jahrhundert eine Kupferschmelze angesiedelt. Später, im Zuge der frühen Industrialisierung, befand sich hier eine für die Stadt typische Tuchfärberei.

Adresse Obere Drimbornstraße 44, 52066 Aachen | **ÖPNV** Bus 41, Haltstelle Tierpark | **Öffnungszeiten** 16. Feb. – 15. Okt. 9 – 18.30 Uhr; 16. Okt. – 15. Nov. 9 – 17.30 Uhr; 16. Nov. – 15. Feb. 9 – 16.30 Uhr | **Tipp** Die evangelische Auferstehungskirche (Am Kupferofen 19 – 21) könnte den sakralen Kontrapunkt zum Tierparkbesuch bilden. Hier finden auch regelmäßig feine Chor- und Klassikkonzerte statt.

73 Der Vennbahnweg

Die alte Industrieroute erfordert Muskelkraft

Glückliche Zeitgenossen hatten noch das Vergnügen, die schnaufende Vennbahn auf einer ihrer gemütlichen Touren durch die Nordeifel und quer durch die imposante Moorlandschaft des Hohen Venns zu begleiten. Zwischen 1989 und 2001 verkehrten historische Wagen auf einem Teilstück der ursprünglich bis Luxemburg reichenden Strecke. Dies waren die letzten Atemzüge einer einst pulsierenden Verbindung, die ab 1882 hauptsächlich für Gütertransporte angelegt worden war, aber auch der strukturschwachen Westeifel den Anschluss an ein »vernünftiges« Verkehrsnetz bescherte.

Was also tun mit den ausgetretenen Pfaden? Die Schneise durch das deutsch-belgische Grenzland jedenfalls wird bleiben. Von Aachen aus ist der alte Vennbahnweg bereits seit etlichen Jahren zur grünen Verbindungsroute für Radfahrer, Wanderer und Inlineskater geworden. Den eigentlichen Startpunkt markiert die Abzweigung am Bahnhof Rothe Erde, wo Reste der Gleise noch heute an alten Industrieanlagen vorbeiführen. Dahinter beginnt schließlich der eigentliche Radwanderweg, der über Brand und Kornelimünster bis nach Walheim ausgebaut wurde. Dabei schlängelt sich der Asphaltstreifen durchs reizvolle grüne Münsterländchen und über die alten Eisenbahnviadukte, die sich für einen Zwischenstopp zum Naturaufsaugen anbieten.

Mittlerweile wird der Weiterbau Richtung Eifel als Teil der »Ravel-Route« vorangetrieben. Zwischen Walheim und Monschau entsteht auf einer Gesamtlänge von 28,5 Kilometern ein Abschnitt des grenzüberschreitenden Radwanderwegs auf der alten Vennbahnroute. Seit Baubeginn 2010 ist für Eisenbahnromantiker die Welt allerdings endgültig nicht mehr in Ordnung. Denn mit dem Abriss der Schienen bricht auch ein Stück Grenzlandgeschichte weg. In den kommenden Jahren werden wohl nur die zum Teil über 120 Jahre alten Signalanlagen und einige historische Stellwerksgebäude an die Zeit der Vennbahn erinnern.

Adresse zwischen Aachen-Rothe Erde und Walheim | **ÖPNV** Der Einstieg mit dem Rad oder zu Fuß ist zum Beispiel am Eisenbahnweg möglich. Deutsche Bahn, Bus 34, 41, 57, 70 sowie alle »Fünfer-Linien« von 5 bis 75, Haltestelle Aachen-Rothe Erde. | **Tipp** Ein Stück Vennbahnstrecke ist noch auf den Gleisen befahrbar: Zwischen den Bahnhöfen von Kalterherberg und dem belgischen Sourbrodt werden seit 2004 Touren mit Fahrraddraisinen angeboten. Informationen zum »RailBike« unter www.railbike.be.

74 Der Von-Halfern-Park

Götterbäume und Libanon-Zedern für alle

Friedrich von Halfern war ein ausgewiesener Baumliebhaber. Als im wahrsten Sinne des Wortes »gut betuchter« Unternehmer gönnte er sich den Luxus, das ohnehin schon weitläufige Familienanwesen an den Ausläufern des Aachener Stadtwaldes nach 1875 zur britisch inspirierten Parkanlage auszubauen und dabei Baumbestand aus aller Welt in seine Heimatstadt zu holen. Die Liebe zur Dendrologie ging so weit, dass er Wald- und Wiesenland hinzukaufte, um noch mehr Platz für so exotische Baumarten wie Libanon-Zeder, Engelmann-Fichten oder Chinesisches Rotholz neben den vergleichsweise hausbackenen Öcher Bösch zu schaffen. Sein Erbe ist bis heute als echtes Naturkleinod und Ruheoase auf zehn Hektar Fläche im Aachener Südwesten anzusehen: die ganze Vielfalt der Laub- und Nadelbäume vor der Haustür und seit 1925 für jedermann zugänglich.

Besonders an Sonnentagen entfaltet der Park seine ganze Magie, wenn sich das Licht in den Kronen der fremdartigen Baumriesen bricht. Dann entsteht eine bezaubernde Farbstimmung, die selbst Antiromantiker zu tiefen Seufzern rührt. Die heutigen weiten Grünflächen entstanden infolge eines Unwetters im Jahr 1902, als Friedrich von Halfern auf Neupflanzungen etlicher seiner umgestürzten Lieblinge verzichtete und »Lockerheit« im Baumbestand zuließ.

Sohn Carl erbte nach dessen Tod 1908 das Anwesen mit Park und Villa, die, als Hochgrundhaus bekannt, auch von der Lütticher Straße aus sichtbar auf einer Anhöhe liegt. Der Spross verkaufte den Park 1925 an die Stadt. Das herrschaftliche Gebäude vermachte er den Stadtoberen als Geschenk, verbunden mit der Auflage, es für soziale Zwecke zu nutzen. Die Umsetzung erfolgte zügig. So zog im gleichen Jahr eine Tagespflegestation für lungenkranke Kinder und Jugendliche ein, später eine Pockenstation und ein Frauenhaus. Seit 1982 genießt der Aachener Waldorfkindergarten die Vorzüge der besonderen Lage.

Adresse zwischen Lütticher Straße und Preusweg, 52074 Aachen | **ÖPNV** Bus 24, Haltestelle Hochgrundhaus | **Tipp** Das Ökologiezentrum Aachen e.V. bietet immer wieder Führungen durch den Von-Halfern-Park an (www.oekologie-zentrum-aachen.de). Der Besuch lässt sich hervorragend mit einer Wanderung durch den angrenzenden Wald verbinden, etwa hinauf zur Karlshöhe. Dort steht der Mulleklenkes, Aachens weithin sichtbarer und 133 Meter hoher Sendeturm.

75 Das Waldstadion

Frühe Heimat der »Kartoffelkäfer«

Wo heute Leichtathleten die Szenerie prägen, kämpfte im Frühjahr 1938 Aachens traditionsreicher Fußballklub um den Einzug ins Halbfinale der deutschen Meisterschaft. Zuvor hatte die Alemannia, wegen ihrer gestreiften Trikots bis heute scherzhaft »Kartoffelkäfer« genannt, schon einmal von 1904 bis 1907 ihre vorläufigen Zelte am Rande des Aachener Stadtwaldes aufgeschlagen. Nach drei Jahren zog man dann ein Stück weiter die Monschauer Straße hinunter zum neu geschaffenen Platz am alten Forsthaus. Den Rasen des legendären Tivoli-Stadions in der Soers beackerten die Alemannen um den »Eisernen« Reinhold Münzenberg übrigens erst ab 1928.

Als Hannover 96 und der FC Hanau vor 13.000 Zuschauern im weiten Rund unterhalb des Kupferbach-Stauweihers gastierten, hatte die ganz im Duktus der Zeit benannte »Kampfbahn« bereits ihr weitgehend bis heute erhaltenes Erscheinungsbild. Dies geht auf einen umfassenden Ausbau im Jahr 1928 zurück, der maßgeblich von Arbeitslosen durchgeführt wurde. Dabei entstanden auch das Eingangsportal mit den Umkleidehäusern und das Torwächterhaus. Damals waren übrigens beide Geraden mit Tribünen bebaut, mittlerweile besteht nur noch ein teilüberdachter Zuschauerrang für 1.200 Menschen. Generationen von Aachener Schülerinnen und Schülern haben das Waldstadion danach kennen- und – mehr oder weniger – schätzen gelernt: Geht es hier doch alle Jahre wieder um Ehren- und Siegerurkunden bei den Bundesjugendspielen.

Auch die Großen der Leichtathletik haben sich in der Vergangenheit auf der altehrwürdigen Anlage die Ehre gegeben: Die Kugel der dreifachen Weltmeisterin Astrid Kumbernuss landete am 25. August 1996 im Waldstadion bei 20,70 Meter – 14 Zentimeter weiter als beim Olympiasieg wenige Wochen zuvor. Legenden wie Carlo Thränhardt, Tim Lobinger oder Speerwurf-Europameister Klaus Tafelmeier zieren ebenfalls die hauseigenen Rekordlisten.

Adresse I. Rote-Haag-Weg, 52076 Aachen | ÖPNV Bus 11, 46, Haltestelle Bismarckturm | Öffnungszeiten für Freizeitläufer Mo, Fr 16.30 – 20 Uhr | Tipp Oberhalb des Stadions, hinter dem Fahnenplatz, lädt der Stauweiher Kupferbach zu einer gemütlichen Spazierrunde ein. Unmittelbar nach dem Zweiten Weltkrieg durfte hier sogar noch geschwommen werden.

76_Der Westpark

Tiger, Bären und die Radrennbahn

Als der Tuchfabrikant Emil Lochner den üppigen englischen Garten seines Stadtpalais zugunsten von Expansionsplänen einebnen ließ, fiel damit gleichzeitig der Startschuss zum Bau des heutigen Westparks. Er führte ein Komitee an, das 1885 auf den Wiesen von Kirschbenden einen großzügigen Volksgarten anlegen ließ. Mit dem damaligen Lochnerpark rückte auch die große weite Tierwelt ein Stück näher an das Dreiländereck heran: Im ersten zoologischen Garten der Stadt waren Tiger, Bären und Riesenschlangen zu sehen. Gleichzeitig wurde mit dem Bau eines gewaltigen Glaspalastes begonnen, der bis zu 3.000 Zuschauern Platz bot und vornehmlich als Zirkus genutzt wurde. 1891 trat hier auch der legendäre Wildwest-Held Buffalo Bill mit seiner Cowboy-Show auf. Im Ersten Weltkrieg diente der Bau als Lazarett, 1917 wurde er bei einem Brand völlig zerstört. Drei Jahre später wurde das Areal als Westpark wiedereröffnet.

Nach dem Zweiten Weltkrieg verschwanden endgültig die letzten Tiere und Bauwerke des alten Lochnerparks. Zuvor hatte die Anlage außerdem auch eine Radrennbahn beherbergt, auf welcher der Traditionsverein Zugvogel 09 seine ersten Trainingsrunden drehte. Ganz zu Beginn des Jahrhunderts übten hier übrigens auch die Mitglieder eines gewissen »Fußballclubs Alemannia«, ehe sie an anderen Stellen der Stadt Erfolge feierten. Einzig der ehemalige Kahnweiher erinnert heute noch an die frühere Nutzung des Parks.

Wo einst der Glaspalast stand, genießen heute in den Sommermonaten junge Aachener die Sonne. Der Eingang Lochnerstraße ist das Tor zur vorderen Wiese, hier sind bereits ab den Nachmittagsstunden die Plätze rar. Grüppchen drängt sich an Grüppchen, den mitgebrachten Bierkasten fest im Blick. Der Trend zu Letzterem hat zwar in jüngerer Vergangenheit nicht gerade zur Beruhigung der Stimmung beigetragen, insgesamt herrscht jedoch bis in die späten Abendstunden eine relaxte Atmosphäre.

Adresse zwischen Gartenstraße, Vaalser Straße und Welkenrather Straße, 52064 Aachen | ÖPNV Bus 13 A / B, Haltestelle Lochnerstraße | Tipp Das Lochnertor am Karlsgraben 37 erinnert als einziges Überbleibsel an das üppige Anwesen der Tuchfabrikantenfamilie. Ursprünglich hatte hier die alte Adelsfamilie Berghe von Trips gelebt. Seit 2006 kümmert sich eine Stiftung um den Erhalt des Portals.

77 Der Windpark Vetschau

Energiewende (fast) zum Anfassen

Nordwestlich des Stadtzentrums, nahe der Grenze zu den Niederlanden, erhebt sich der EuroWindparkAachen. Dort, am Vetschauer Berg, steht zudem eines der wenigen Windräder weltweit, das über eine Aussichtsplattform verfügt und so für Besucher zugänglich ist. In Deutschland gibt es davon gerade einmal drei, und die Anlage in Aachen ist die einzige, in der regelmäßig öffentliche und kostenlose Besichtigungen stattfinden.

Die Besucherwindanlage »Windfang« wurde im November 1999 in Betrieb genommen. Eine Wendeltreppe im Turm führt bis zur Plattform in 63 Metern Höhe, direkt unter dem Maschinenhaus. Bevor es »hoch hinaus« geht, erhalten Besucher von Fachmann Dr. Horst Kluttig eine kurze Einführung in die Technik des hohen Hauses. Dr. Kluttig ist »Windkraftler« aus Überzeugung. Wenn die Größe der Besuchergruppe ausführliches Nachfragen erlaubt, ist er praktisch nicht zu stoppen. Dann sollte man für den Besuch deutlich mehr als die angesetzte Stunde einkalkulieren. Und das lohnt sich.

Die relative Enge beim Aufstieg und die Geräuschkulisse, erzeugt vom tonnenschweren Maschinenhaus, das 60 Meter weiter oben im Wind »steht«, wirken zunächst etwas beklemmend. Hat man die ersten Meter in der Stahlröhre hinter sich, siegen aber der Ehrgeiz und die Vorfreude auf den Fernblick über die Region, mit dem man bei gutem Wetter belohnt wird. Oben angekommen, bietet sich ein atemberaubender Ausblick. Die drei gewaltigen Flügel des Windrades ziehen in fast greifbarer Nähe majestätisch ihre Runden. Näher heran an die Energiewende kann man kaum kommen.

Allein das persönliche und hautnahe Erleben dieses beeindruckenden »Energieriesen« lohnt den Besuch. Ein Mindestmaß an Interesse an den technischen und ökologischen Aspekten der Windkraft und anderer regenerativer Energien kann ohnehin nicht schaden. Genügend Gründe also, um sich die Anlage »Windfang« unbedingt anzusehen.

Adresse Ochsenstock, 52074 Aachen | **ÖPNV** Bus 37, Haltestelle Ochsenstock, von hier aus etwa 1 Kilometer Fußweg; Achtung: Dieser fahrplanmäßige Stopp ist für die Aachener Busfahrer eher ein Ausnahmehalt! | **Öffnungszeiten** während der Führungen nach Anmeldung unter www.aachen-hat-energie.de | **Tipp** An der Laurensberger Straße am Ortseingang von Vetschau liegen die Niersteiner Höfe, deren Geschichte bis in die Römerzeit zurückreicht. Sie gelten als erste Siedlungselemente dieses Aachener Ortsteils.

78_Das Wurmtal

Wo der Chef darf, wie er will

Endlich frei! Nach etlichen Kilometern kanalisierter Zügelung unterhalb der Quelle im Aachener Wald darf die gute alte Wurm hier draußen wieder fließen, wie sie will. Hinter dem Europaplatz nimmt der Lauf seinen Lauf, über Gut Kalkofen, Haaren und die Soers gelangt Aachens Königsbach schließlich in »sein« Tal. Dort mäandert die Wurm durch ein Naturschutzgebiet, das sich über die Stadtgebiete von Würselen und Herzogenrath erstreckt. Nach insgesamt 57 Kilometern und einem kurzen Abstecher in die Niederlande mündet sie schließlich bei Heinsberg in die Rur ohne »h«. Bis dahin hat die Wurm, die einst maßgebend für den industriellen Aufschwung im Aachener Becken war, das Wasser von mindestens zehn kleineren Bächen aufgenommen.

Zuvor jedoch hat sie mit dem Wurmtal einen der schmucksten und vielfältigsten Naturräume der Grenzregion durchmessen. Teilweise nur einige Hundert Meter breit und von steilen Hängen gesäumt, schlängelt sich der kleine Strom durch etliche ökologische Kleinoasen. Das Gesicht des Tals wechselt dabei mehrfach, was die Region auch nach dem x-ten Besuch noch spannend macht. Flora und Fauna sind hier auf relativ geringem Raum abwechslungsreich wie kaum an einer anderen Stelle der Region. Dies hängt auch mit unterschiedlichen Bodenbeschaffenheiten sowie mit der Tatsache zusammen, dass die verschiedenen Industrien mit Abraumhalden neue Lebensbedingungen für seltene, nicht unbedingt typische Lebewesen möglich machten.

Mit diesem Wissen stößt der aufmerksame Wanderer nach Verlassen des Aachener Stadtgebiets immer wieder auf Zeugnisse des Bergbaus im Tal. Als Namensgeber für das Wurmrevier entwässert der Bach bis heute die alte Steinkohlegrube Gouley bei Würselen, in der bis 1969 eingefahren wurde. Das erhaltene Stollenmundloch ist eines der wenigen sichtbaren Beweise für die fast 150 Jahre andauernde Bergbaugeschichte im Wurmtal.

Adresse zwischen der Aachener Soers und Herzogenrath; der Einstieg ist an vielen Stellen möglich, von Aachen aus etwa im Paulinenwäldchen | **Anfahrt** stadtauswärts über den Soerser Weg, am Berensberg den Schildern zum Parkplatz »Zum Blauen Stein« folgen | **Tipp** Die Arbeitsgemeinschaft Wurmtal kümmert sich um die Erhaltung dieser besonderen Naturregion. Dazu werden auch Exkursionen angeboten; Informationen im Internet unter www.ag-wurmtal.de.

79 Der Annapark

Zwischen Bergbauhistorie und neuem Familienfreiraum

Als die Kumpel der Grube Anna am 31. Dezember 1983 zur letzten Schicht einfuhren, endete auch die rund 130-jährige Geschichte des Steinkohlebergbaus in diesem Abschnitt des Aachener Reviers. 53 Jahre zuvor hatte sich der traurige Tiefpunkt der Grubenhistorie ereignet: Bei einer Gasexplosion und dem Einsturz eines Förderturms waren im Oktober 1930 271 Menschen ums Leben gekommen.

Nach dem Abriss der Kokerei 1992 begann die Umgestaltung des weitläufigen Geländes, das viele Jahre das Bild von Alsdorf geprägt und Arbeitsplätze gesichert hatte. Wohnhäuser entstanden und entstehen auf dem eingeebneten Zechengelände.

Sucht man heute nach Spuren der Bergbautradition, fällt als Erstes der Förderturm am der Stadt zugewandten Ende ins Auge. Einige alte Betriebsgebäude sind dort ebenfalls erhalten. Sie stehen unter Denkmalschutz, haben nach dem Einzug von Gewerbe und Einzelhandel allerdings eine wenig geschichtsbewusste Nutzung erfahren.

Mit einer Bratwurst von »Sonjas Imbiss« bewaffnet, kann man den Blick über die eigentliche Parklandschaft zwischen Förderturm und einstigem Maschinenhaus schweifen lassen. Am nahen Horizont türmen sich die markanten Abraumhalden als weitere Zeugnisse der Vergangenheit auf. Bereits seit den 1950er Jahren schwelen Brände in den Restebergen der Zechen Anna I und II. Fachleute haben längst die Suche nach sinnvollen Bekämpfungsmaßnahmen aufgegeben. Mit ein wenig Phantasie erinnern die kurzen Reihen von Einfamilienhäusern an Bergbausiedlungen der alten Schule. An der gegenüberliegenden Parkseite tragen die Pfade historisch konnotierte Namen wie Maschinistenweg oder Steigerweg. Überhaupt ist man bemüht, den Brückenschlag zwischen Industriekultur, Wohnbebauung und Naherholung zu schaffen. Bislang spielt allerdings der historische Aspekt eine eher untergeordnete Rolle. Mit dem neuen praxis- und naturnahen Museum Energeticon ist Besserung in Sicht.

Adresse zwischen Bahnhofstraße und Carl-von-Ossietzky-Straße, 52477 Alsdorf | Anfahrt von Aachen über die B 57 bis Alsdorf, am Ortseingang links abbiegen auf Würselener Straße, nach ca. 700 Metern beginnt links der Park | ÖPNV Bus 28, 51, 151, Haltestelle Annapark H8; Bus 69, 89, Haltestelle Annapark H3; Deutsche Bahn RB20, Haltestelle Alsdorf-Annapark | Tipp Das Bergbaumuseum Grube Anna e.V. für Sozial-, Wirtschafts- und Technikgeschichte des Steinkohlebergbaus wird in das neue Energeticon integriert. So entsteht ein neuartiger Erlebnisraum im Annapark, der Bergbaugeschichte und Zukunftstechnologie verbindet.

80__Signal de Botrange

Der höchste Punkt Belgiens ist aufgerundet

Mitten im einzigartigen Naturschutzgebiet Hohes Venn erhebt sich der höchste Punkt Belgiens. Auf dem Dach dieser besonderen Landschaft mit ihrem Highland-Charakter liegt die Botrange. Schon in grauer Vorzeit muss dieser Ort bekannt und vermutlich sogar besiedelt gewesen sein. Der heutige Name leitet sich wohl vom altfranzösischen Wort »baut« ab, was sowohl »kühn« als auch »tapfer« bedeutet. Ein Sonnenaufgang über den nebelverhangenen Hügeln ist ebenso atemberaubend wie der Schnee, der im Winter über das Plateau und um den Turm weht. Der belgische Musiker Geert Verdickt wählte den Ort vielsagend als Schauplatz für die Präsentation seines Albums »Mount Everest«.

Wanderer, Skifahrer und sogar Funkamateure schätzen die exponierte Stelle mitten in der uralten Moorlandschaft zwischen Nordeifel und Ardennen. Für Letztere ergibt sich der besondere Reiz aus der Tatsache, dass auf dem Dach des 1934 erbauten Turms ein Sendemast steht. Das »Signal de Botrange« ist einer der wenigen weithin sichtbaren, wenn nicht der markanteste Punkt in der Region und beherbergt als Naturparkzentrum und Ausgangsstation für Wander- oder Skitouren ein typisch belgisches Ausflugslokal: leicht angestaubt-verschroben, aber stimmungsvoll. Laufkundschaft ist hier oben eher selten. Wer hier aufschlägt, hat ein Ziel. 1804 soll hier bereits ein erstes »Signal« gestanden haben.

Der höchste Punkt des Königreichs wurde übrigens in einer schildbürgerlich anmutenden Aktion auf 700 Meter aufgerundet. Die geographischen 694 Meter hat man mit dem aufgeschütteten Baltia-Hügel einfach mal »glatt« gemacht. Benannt wurde der mit steinernen Stufen und einem Hinweisstein versehene Erdhaufen nach Baron Herman Baltia, einst Generalgouverneur der belgischen Ostkantone. Apropos Steine: Im hohen Venn um die Botrange stößt man auf zahlreiche Denkmäler, Kreuze und Grenzmarkierungen aus vergangenen Jahrhunderten.

Adresse Route de Botrange, 4950 Weismes (B) | Anfahrt Autobahn E 40, Ausfahrt Eupen, N 67 bis Eupen, N 68 Richtung Malmedy, am Abzweig Mont-Rigi links auf die N 676 Richtung Botrange | ÖPNV Bus 394 ab Bahnhof Eupen (B), Haltestelle Signal de Botrange | Öffnungszeiten Di – Fr 10 – 15 Uhr, Sa, So 10 – 16 Uhr; Juli, Aug., Schulferien, Feiertage Mo – Fr 10 – 15 Uhr, Sa, So 10 – 16 Uhr | **Tipp** Rund drei Kilometer nordwestlich bietet die Baraque Michel seit 1812 Venn-Reisenden gastronomischen Unterschlupf.

81 Die Brunssumer Heide

Wandeln auf dem Meeresboden

Das limburgische Städtchen Brunssum wurde buchstäblich auf Sand gebaut. Der Boden unter den Füßen der heute rund 30.000 Einwohner hat schon frühgeschichtlich »gearbeitet«. Das machte das Gebiet westlich von Maastricht zu einem begehrten Abbaugebiet, kommen hier doch Steinkohle, Braunkohle und Quarzsand in förderfähigen Mengen vor. Ein Schlaraffenland ist die Region aber nicht nur für Geologen. Freunde aufregender Landschaften werden dafür in der 600 Hektar großen Heide glücklich, einer in der Region ziemlich einmaligen Laune der Natur.

Die reizvollen Heide- und Moorlandschaften, entstanden aus Millionen Jahre alten Dünensanden, lassen sich auf beschilderten Rundrouten zu Fuß und mit dem Mountainbike erkunden. Vom Besucherzentrum gelangt man schnell ins Herz des limburgischen Naherholungshimmels. Das teilt man sich dann mitunter auch mit blökenden Schafen, die im überall sprießenden Heidekraut grasen. In Senken und auf Hügeln stapft es sich mal mehr, mal weniger komfortabel durch regelrechte Sandbänke und am Rodebach entlang. Dort, wo der Boden weniger versandet, sondern schwer und morastig wird, begegnet man mit etwas Glück auch einem der ziemlich frei herumlaufenden Hochlandrinder. Zu allen Jahreszeiten entfaltet die Brunssumer Heide ihre wechselnden Reize, ob als blühende Landschaft oder weißes Winteridyll. Das Kraut blüht zwischen August und September. Die überall zu findenden Kiefern kommen nicht ganz so ursprünglich wie der Rest der Heide daher. Sie wurden zu Beginn des 20. Jahrhunderts für den Stollenbau im nahen Ort Rumpen angelegt.

Sieht man einmal von der Tatsache ab, dass das Besucherzentrum auf einer überdeckten Müllhalde angelegt wurde, bricht sich hier das gute Naturgefühl hemmungslos Bahn. Während Brunssum heute in erster Linie für seinen NATO-Stützpunkt bekannt ist, gebührt dem Ländchen südlich der Stadt eigentlich weitaus mehr Aufmerksamkeit.

Adresse Besucherzentrum Brunssumer Heide, Schaapskooiweg 99, 6414 EL Heerlen (NL). Die Heide liegt südöstlich von Brunssum. | **Anfahrt** von Aachen aus über die A 4 auf die niederländische Schnellstraße N 281 Richtung Heerlen / Landgraf, an der Ausfahrt Heerlen-Centrum raus, danach der Looierstraat, Klosterweg und Heerenweg circa 5 Kilometer folgen, rechts in den Schaapskooiweg abbiegen. | **Öffnungszeiten** täglich 10 – 17 Uhr (Besucherzentrum) | **Tipp** Wer von der Heide nicht genug bekommen kann, sollte seine Expedition weiter westlich ausdehnen: Die Teverener Heide offenbart noch mehr euregionale Natur.

82 Der Turm von Eben-Ezer

Die Apokalypse zwischen Maastricht und Visé

Mystisch wirkt der abgelegenste dieser 111 Orte, der sich da über dem belgischen Dorf Eben-Emael erhebt und mit seinen rund gemauerten Spitzen kilometerweit sichtbar ist. Nähert man sich dem Turm über die schmale Rampe vom Dorf hinauf, festigen die vier gewaltigen Wesen der Apokalypse auf dem Dach endgültig den Eindruck der steinernen Umsetzung einer Lovecraft-Erzählung. Der Geist des Hauses ist in Wirklichkeit aber alles andere als grausambedrohlich gestimmt.

Hier, zwischen Maastricht und Visé, schuf der Kalkbrucharbeiter, Künstler und glühende Pazifist Roger Garcet sein Lebenswerk: ein imposantes wie eigenwilliges Mahnmal für den Frieden. Wie eine Trutzburg aus uralten Tagen wirkt der siebenstöckige Bau, entstanden ist er jedoch erst zwischen 1948 und 1965. In mühevoller Kleinarbeit und auf wackeligen Gerüsten haben Garcet und seine Mitstreiter Unmengen von Feuersteinen, übrig geblieben aus den umliegenden Abbaugebieten, zu einem 33 Meter hohen architektonischen Kuriosum aufgetürmt.

Überall finden sich Hinweise auf die selten wissenschaftlichen, oft mythischen Lehren, denen sich Robert Garcet im Selbststudium näherte und sowohl in den Bau des Turms als auch in seine seltsam entrückte Kunst einfließen ließ. Gleich nach dem Erklimmen der Freitreppe betritt der Besucher die »Halle der Cherubinen« mit allerlei Fabelwesen, apokalyptischen Wandgemälden und scheinbar wirren Zahlenkombinationen. In einer liebevollen, aber langsam verblassenden Ausstellung sind sowohl die Skulpturen und Kunstwerke als auch geologische Funde ausgestellt.

Fest steht, dass Garcet mit seinem »Turm der Apokalypse« einen flammenden Appell zur unbedingten Abkehr von Krieg und Waffengewalt hin zur Einheit des Menschen mit der Natur hinterlassen hat. Wer mit seinem Gedanken-Kosmos nichts anfangen kann, wird nach der Turmbesteigung mit einem atemberaubenden Blick belohnt.

Adresse Chemin de Broukay, 4690 Eben-Emael (B) | Anfahrt A 76 und A 2 bis Maastricht, am Knooppunt Europaplein die 3. Ausfahrt Richtung Eben-Emael (Tongerseweg) nehmen. Über die N 619 erreicht man nach rund 20 Minuten den Ort | Öffnungszeiten April – Okt. Mo – Fr 13.30 – 18 Uhr, Sa, So 13.30 – 19 Uhr; Nov. – März Mo – Fr 13.30 – 17 Uhr, Sa, So 13.30 – 18 Uhr | **Tipp** Nur wenige Kilometer entfernt liegt das Fort Eben-Emael. Die Festung wurde ab 1932 als nördlichster Teil des Verteidigungsrings um Lüttich erbaut. Nach nur einem Tag Belagerung eroberten vorrückende deutsche Truppen die »uneinnehmbare Festung« am 11. Mai 1940.

83 Der Blausteinsee

Vom Abbautümpel zum Naherholungsgebiet

Für unbedarfte Spaziergänger muss es ein skurriler Anblick gewesen sein: Noch bis Mitte des vergangenen Jahrzehnts trafen sie hier am Blausteinsee einmal im Jahr auf eine mittelgroße Horde junger Menschen, die sich, mit Bierkästen bewaffnet, an die Umrundung des 100 Hektar großen Rekultivierungsgewässers machte. Die zweifelsohne sportliche Herausforderung beim »Bierathlon« bestand darin, im Duo um den See zu laufen und dabei den Flüssiginhalt besagter Plastikkiste zu vernichten. Der gesundheitliche Wert dieser Art Ertüchtigung an der frischen Luft dürfte hingegen überschaubar gewesen sein.

Dieses mittlerweile verschwundene Phänomen entstammt einer Zeit, als der Blaustein noch nicht seine heutige touristische Aufwertung erfahren hatte. Ab 1994 war mit der Auffüllung des Tagebaulochs, aus dem bis zu seiner Stilllegung 1987 auch das nahe Kraftwerk in Weisweiler (siehe Seite 176) beliefert wurde, bereits ein ansehnlicher Naturraum entstanden. Die heutige Infrastruktur am Westufer mit Seezentrum, Vereinsräumen und ausgewiesenem Liegestrand entstand im Rahmen des Großprojekts Indeland 2008. Seitdem erhebt sich auch die Seebühne aus dem ufernahen Wasser.

Trotz offensichtlicher Erschließung hat sich das junge Gewässer vor allem mit seiner stetig im Wachstum befindlichen Flora und Fauna einen Kleinodstatus im künstlichen Landstrich erarbeitet. Speziell abseits viel beschrittener Uferbereiche lässt sich hervorragend, aber unbedingt rücksichtsvoll ausspannen.

Aktivere Zeitgenossen laben sich womöglich eher am Wassersportangebot mit Segeln, Tauchen oder Surfen. Oder brechen zu einer Wanderung in den Grüngürtel des Sees auf. Dabei stolpert man dann auch unwillkürlich über die diversen Gedenksteine und Infotafeln, die an verschwundene Dörfer erinnern. Mehr als ein Dutzend Ortschaften hatte dem Tagebau zwischen 1965 und 1984 weichen müssen.

Adresse Zum Blausteinsee, 52249 Eschweiler-Dürwiß | Anfahrt von Aachen über die A 4 bis Ausfahrt Eschweiler West; der Blausteinsee ist ab hier ausgeschildert | ÖPNV Bus 6, Haltestelle Freibad | Tipp Ein weiteres Phänomen der Renaturierung in der Gegend ist das Schlangengrabental. Die rund 3,5 Kilometer lange und bis zu 400 Meter tiefe Senke liegt nördlich des Blausteinsees. An ihren Böschungen wächst Wald heran. Das Bild einer künstlichen Anlage verschwimmt zusehends.

84 Das Kraftwerk Weisweiler

Die Wolkenfabrik arbeitet auch gegen die Zeit

Alles begann mit dem Kraftwerk »Zukunft« und dem gleichnamigen Tagebau. Seit 1914 wird in Weisweiler Braunkohle verfeuert, die heutige Anlage ist seit 1955 in Betrieb. In nackten Zahlen liefern sechs Blöcke heute eine Leistung von 2.097 Megawatt. Seit 1982 wird hier mit Braunkohle aus dem nahen Tagebau Inden Strom gewonnen.

Die so charakteristischen und weithin sichtbaren Wasserdampfformationen entschweben den geschwungenen Kühltürmen, sie haben dem Kraftwerk den Beinamen »Wolkenfabrik« beschert. Sie weist den Weg durch diesen südlichsten Abschnitt des rheinischen Tagebaugebiets in Richtung Aachen.

Die 6.000-Seelen-Gemeinde Weisweiler wurde übrigens nicht etwa mit dem Kraftwerk aus dem Boden gestampft, sondern blickt auf mehr als 500 Jahre Siedlungsgeschichte an der Inde zurück. In Dörfern wie Frenz oder Hücheln haben die Menschen seit fast 100 Jahren eine leicht veränderte Wahrnehmung vom Himmel. Der verklärende Kosename Wolkenfabrik lenkt auch ein wenig von der Tatsache ab, dass das Kraftwerk den traurigen dritten Platz der größten Klimakiller des Landes belegt. Für die einen ist es eine effektive Verschandelung der Landschaft, während Industrieromantiker die altehrwürdige Schleuder womöglich mit völlig anderen Augen sehen.

Auch der Einbau von Rauchgasentschwefelungsanlagen und weiterer Filter kann das schwindende Ansehen dieser Art der Energiegewinnung indes nur schwer auffangen. Vielmehr treten auch rund um das Braunkohlekraftwerk die Zeichen der Energiewende immer deutlicher hervor: Die größte Fotovoltaikanlage Nordrhein-Westfalens entsteht direkt hinter den Türmen auf dem Gebiet einer ehemaligen Mülldeponie. In nicht allzu weiter Ferne rotieren Windkraftanlagen. Bis 2035 reichen die Vorräte im Tagebau Inden voraussichtlich, so lange wird das Kraftwerk weiter seine Umgebung prägen. Mit den charakteristischen Wolkenstößen, aber eben auch als kontroverses Fossil.

Adresse Am Kraftwerk 17, 52249 Eschweiler-Weisweiler | Anfahrt von Aachen über die A 4 bis Ausfahrt Weisweiler, weiter Richtung Inden-Langerwehe (L 241), nach ca. 500 Metern links abbiegen auf die Straße Am Kraftwerk | ÖPNV Deutsche Bahn RE 1, 9, Euregiobahn, Haltestelle Eschweiler-Weisweiler (rund 30 Minuten Fußweg einplanen); Bus 28, 294, Haltestelle RWE Kraftwerk | Öffnungszeiten jeden 1. So im Monat 10 – 17 Uhr (Informationszentrum) | Tipp Das Kraftwerk ist weithin sichtbar, ein besonderer Blickwinkel ergibt sich vom jüdischen Friedhof Weisweiler aus. Er gilt als älteste jüdische Begräbnisstätte im Rheinland. Dort sind 50 Grabsteine erhalten, der älteste ist von 1691.

85 Die Eupener Oberstadt

Uptown in der Minimetropole

Dass sich ein knapp 19.000-Einwohner-Städtchen zwei historische Viertel leisten kann, ist nicht unbedingt alltäglich. Doch in Eupen geht sowieso viel auf relativ wenig Raum: Geschichte, Industrie, Politik, Lebensart – all das hat seine erkennbare Ausprägung in dieser gar nicht so heimlichen Hauptstadt der Deutschsprachigen Gemeinschaft Ostbelgiens. Und welche Gemeinde dieser Größenordnung darf schon Hinweisschilder für den Weg zu einem Regierungsgebäude aufstellen?

Im 14. und 16. Jahrhundert niedergebrannt und 1635 von der Pest heimgesucht, begann ab 1680 Eupens Aufschwung zur kleinen Metropole der Tuchmacherindustrie. In ihrer 800-jährigen Geschichte haben das Städtchen und sein Umland auch immer wieder Herrschaftswechsel erleben müssen. Spanische Habsburger, Napoleons Frankreich und zuletzt das Deutsche Reich bemächtigten sich der Stadt des guten Wassers am Rande des Hohen Venns. Heute wundern sich nur noch ausgewiesene Nichtgrenzländer darüber, dass in den Straßen Eupens fast ausnahmslos Deutsch, gern mit lokalem Zungenschlag, zu hören ist. 90 Prozent der Bevölkerung sind deutschsprachig, die wechselvolle Grenzgeschichte der Region macht es möglich.

In Eupens Oberstadt gibt es ostbelgische Lebensart für Einsteiger und Genießer, ideal für Neulinge im Vielvölkerstaat. Zwischen Klötzerbahn und Marktplatz findet man Kneipen, Cafés, Lädchen, Kunst und nicht zuletzt die Verwaltung der drittgrößten Sprachfamilie des Landes. Besagte Regierung sitzt im schmucksten der ehemaligen Tuchmacherhäuser, von denen es in den Straßen der Oberstadt noch einige gibt. Auf dem Weg hinauf zum historischen Marktplatz zweigen immer wieder Gässchen in den Alltag ab. Ein ständig sichtbarer Fixpunkt ist die alles überragende Nikolauskirche von 1722, mit der sich die Aachener Baumeister Mefferdatis und Couven ein auswärtiges Denkmal an exponierter Stelle gesetzt haben.

Adresse rund um Gospertstraße, Klötzerbahn und Marktplatz, 4700 Eupen (B) | **Anfahrt** von Aachen über Eupener Straße, Grenzübergang Köpfchen, danach immer Aachener Straße (N 68) bis Eupen folgen | **ÖPNV** Bus 14, Haltestelle Eupen Bushof | **Tipp** An der Straße Klötzerbahn steht ein Mahnmal für die 1. Infanterie-Division der US-Armee, die Eupen im Herbst 1944 endgültig von der deutschen Besatzung befreite und der kleinen Metropole im Mikrokosmos der Deutschsprachigen Gemeinschaft ihre endgültige Zugehörigkeit zu Belgien bescherte.

86 Das Vlattenhaus

Facelifting für die Unglücksruine

Das alte Eynatten versteckt sich etwas abseits der Hauptstraße, die Aachen mit dem belgischen Eupen verbindet. Rund um die Dorfkirche, 1440 erbaut und 1707 erneuert, liegen Höfe und Güter, die meisten aus gutem hiesigen Kalkstein errichtet. So wirkt das Bild stimmig, so, als wären sich Menschen vor Jahrhunderten einig gewesen. Abseits des Dauerstraßenverkehrs schreien Gänse, bellen Hunde, streifen Katzen umher. Hier ist vieles vom Charakter eines alten ostbelgischen Dorfes geblieben. Eynatten, heute Teil der Gemeinde Raeren, wurde 1213 erstmals urkundlich erwähnt, früheste Spuren der Besiedlung führen bis in die Steinzeit zurück.

In einer kleinen Senke liegt, von einem Wassergraben umgeben, das Vlattenhaus. Bis heute trägt es den Namen seiner einstigen Besitzer, die bis ins 18. Jahrhundert hier ihren Familiensitz hatten. Ende der 1990er Jahre bot sich an der Hauseter Straße ein trauriges Bild, ehe sich ein Aachener Architekt des zur Ruine verfallenen Anwesens erbarmte.

Im Herbst 1944 war die Wasserburg durch zwei amerikanische Fliegerbomben zerstört worden. Doppelte Tragik ergibt sich daraus, dass die Geschosse eigentlich die im Hof des benachbarten Landgutes abgestellten Panzer treffen sollten. Nur drei der Außenmauern standen danach noch. Das Anwesen verfiel zusehends, bis der neue Besitzer die Reste der alten Bausubstanz mit modernen Elementen auf beeindruckende, weil zurückgenommene Art und Weise verband. So bleibt bis heute ein maximaler Eindruck vom Zustand vor der Renovierung.

Informationen über weitere Besitzer des Vlattenhauses sind rar, der jetzige Besitzer hat sich allerdings neben dem Wiederaufbau auch die Mühe gemacht, nach der Geschichte des Anwesens zu forschen. So soll hier bereits um 1300 eine Burg gestanden haben, die jedoch abbrannte. Später fanden vertriebene Aachener Jesuiten Zuflucht, auch als Senffabrik soll das Haus gedient haben.

Adresse Hauseter Straße 18, 4731 Eynatten (B) | Anfahrt von Aachen über Eupener Straße, Grenzübergang Köpfchen, danach Aachener Straße (N 68) bis Eynatten folgen, erste Ausfahrt im Kreisverkehr, dann rechts abbiegen auf Hauseter Straße | ÖPNV Bus 14 ab Aachen Bushof, Haltestelle Eynatten-Dorf | Öffnungszeiten Das Haus ist zwar in Privatbesitz, gegen einen unaufdringlichen Blick aus nächster Umgebung haben die Bewohner, im Bewusstsein der historischen Bedeutung, nichts einzuwenden. | Tipp Neben dem Besuch des Vlattenhauses lohnt auch ein Abstecher zu den umliegenden Gutshöfen sowie zum Haus Amstenrath, das ebenfalls Wasserburgcharakter hat.

87 Der Gemmenicher Tunnel

Grenzpunkt, der im Dunkeln liegt

Auf 870 Metern Länge unterläuft der Gemmenicher Tunnel den Vaalserberg und verfehlt dabei nur knapp den Dreiländerpunkt. Mit der Fertigstellung im Jahre 1872 als Teil der sogenannten Montzenroute wurde er also mitten hineingebaut in die über 100-jährige Geschichte des längst verschwundenen Länderkuriosums Neutral-Moresnet (1815–1919). Die bis heute bestehende Landesgrenze zwischen Deutschland und Belgien im Tunnel ist ein weiteres Kuriosum des wechselhaften Grenzverlaufs in der Region. Start- und Endpunkt der Route auf deutscher Seite ist der Westbahnhof. Von dort geht es wie eh und je durch hügeliges Wiesenland hinauf zum Ostportal, das mit seinen Backsteinmauern und Zinnen an ein Burgtor erinnert. Seit 1957 rattern hier nur noch Güterzüge durch.

Die Hochzeit des Schmuggels an der Westgrenze zwischen 1946 und 1953 brachte viele Geschichten hervor, in denen auch der Gemmenicher Tunnel immer wieder eine Rolle spielt. So wurde die finstere Röhre für den Grenzübertritt zu Fuß genutzt, ebenso enterten die Schmuggler die zwischen den Ländern verkehrenden Züge als Transportmittel. Mit dem 1951 gedrehten Streifen »Sündige Grenze« gelangte der Tunnel sogar zu Filmehren. Dabei rekrutierte Regisseur Robert A. Stemmle viele der damals tatsächlich aktiven und von Armut und Abenteuerlust getriebenen Schmugglerkinder als Komparsen. Selbst während der Dreharbeiten unternahmen die »Rabatzerbanden« weiter ihre gefährlichen Grenzgänge.

Mit der Absenkung der Kaffeesteuer 1953 verschwand auch der lebenserhaltende »Volkssport« schlagartig. Bis dahin waren allerdings mehr als 50 Menschen im Zuge der Schmuggelei ums Leben gekommen, darunter auch Grenzbeamte und sogar Kinder. 1951, im Entstehungsjahr des Films also, bezahlten in der Nähe des Tunnels zwei Halbwüchsige ihre gefährlichen Abenteuer mit dem Leben. Sie waren nach dem Abspringen von ihrem Zug von einem entgegenkommenden mitgerissen worden.

Adresse unter dem Dreiländerweg / Route des Trois Bornes, 4851 Gemmenich (B) | **Anfahrt** Von der Vaalser Straße mit dem Fahrrad oder Auto über den Gemmenicher Weg, am Ende links bis zum Hotel Dreiländereck (Dreiländerweg 103), von dort zu Fuß den abschüssigen Geusenweg entlang. Von der Fußgängerbrücke am Geusenweg hat man den besten Blick auf das östliche Tunnelportal. | **Tipp** Unweit der Lütticherstraße verläuft der Buschtunnel, ebenfalls eine unterirdische Bahnverbindung auf dem Weg nach Belgien.

88 Die Flohmarkthalle

Wie ein Museum der guten Stuben im Grenzland

Das Trödel-Faible der belgischen Nachbarn ist sicherlich hinlänglich bekannt. Gefühlt jede mittelgroße Menschensiedlung des Königreichs stellt allwöchentlich ihren Dorfplatz in den Dienst des gepflegten Gebrauchthandels. Überall zwischen Brügge und Büttgenbach findet man große und kleine Oasen der Flohmarktkultur, in denen alles Erdenkliche angeboten wird, was für Belgiens Häuser und Höfe einst angeschafft wurde und dort Dienste getan hat. Und so viel ist sicher: Es gibt für alles einen Sammler. Der gravierende Unterschied zu den Flohmärkten auf deutscher Seite besteht dann auch vor allem in der Tatsache, dass hier tatsächlich echter Trödel und Antikes den Besitzer wechselt. Shampooflaschen, Handyzubehör und Gemüse sucht man vergeblich. Und wenn doch, dann als Einzelstück statt in Großhandelsmengen.

Ein besonderes Phänomen bilden obendrein die grenznahen Flohmärkte, wie man sie etwa sonntags an der Festhalle Eupen-Kettenis oder eben hier, rund einen Kilometer hinter dem Grenzübergang Köpfchen, findet. Dabei treffen nicht selten Anbieter und Nachfrager aus mindestens drei (Grenz-)Ländern aufeinander, neben dem euregionalen Sprachgemisch sind auch Auftreten, Gebaren und Präsentation der Ware absolut unterschiedlich wie ungemein erlebenswert. Museumscharakter und den Einblick in die Grenzlandseele gibt es also quasi gratis zu Pferdezaumzeug, Schellackplatte oder Porzellanente dazu.

Das wenig bescheidene und selbst verliehene Attribut »Megahalle« rechtfertigt sich übrigens nicht unbedingt durch die 2.400-Quadratmeter-Fläche an sich, sondern viel eher durch die Dichte an echten Trödel-, Sammler- und Antiquitätenständen unter dem Dach des Wellblechpalastes. Rund 100 sollen es regelmäßig sein. Leider ist bei einem Feuer im November 2011 ein Teil der teils lange Jahre hier ausgestellten Waren vernichtet worden. Bereits im Januar 2012 war jedoch wieder geöffnet. True Love.

Adresse Aachener Straße 218, 4730 Hauset (B) | **Anfahrt** von Aachen über Eupener Straße, Grenzübergang Köpfchen, Aachener Straße (N 68) folgen, nach ca. 500 Metern links zu den Gewerbehallen abbiegen | **Öffnungszeiten** Sa, So, feiertags 7 – 17 Uhr | **Tipp** Vom nahen Grenzübergang Köpfchen ausgehend, bietet sich eine Erkundungstour durch den alten Grenzwald an – vielerorts wird man hier noch alte Grenzsteine entdecken.

89 Der Landgraben

Hexenbuchen und Zyklopensteine

Eine Hecke als Schutzwall? Was heute eher Reihenhausbesitzer vor unliebsamen Blicken der Nachbarn bewahrt, bildete mehrere Jahrhunderte lang die ultimative Demarkationslinie des freien Aachener Reiches. Noch heute markieren Reste des Landgrabens, seiner Funktion nach auch Landwehr genannt, auf weiten Strecken die Grenze zwischen Deutschland und Belgien. Zugegeben, der Vergleich mit der Gartenbegrenzung hinkt gewaltig, bestand die Befestigung doch aus dichten Buchenhecken, die über die Jahre zu einem undurchdringlichen Geflecht zusammenwuchsen. Mit dem Ende des Aachener Reiches 1798 ging auch die Zeit der politischen Landschaftsgärtnerei im Grenzgebiet zu Ende.

Rund um den Grenzübergang Köpfchen finden sich noch heute deutliche Spuren des Landgrabens. Die markanten Buchenreihen sind leicht auszumachen, während die beidseitig angelegten Gräben meist nur noch als leichte Vertiefung zu erkennen sind. Wie an so vielen Stellen im deutsch-belgischen Grenzwald finden sich hier aber auch alle Nase lang verwitterte Grenzsteine. So wurde das Gebiet etwa zu Beginn des 17. Jahrhunderts mit Adlersteinen markiert. Den Namen erhielten die Monolithen vom eingemeißelten Aachener Wappentier. Jüngere Steine tragen aber auch nur ein schlichtes »D« oder »B«.

Freizeitmystiker dürften ihre helle Freude am Phänomen der Zyklopensteine haben, die auf einer Fläche von rund einem Hektar aus dem Waldboden aufragen. Wie kamen die etwa 50 ausgewaschenen Kolosse hierher auf die Höhe des Aachener Waldes? Wer hat sie hierhergebracht? Oder sind sie gar in grauer Vorzeit vom Himmel gefallen? Ein Ort, der zur Legendenbildung einlädt. Wer mag, darf rätseln. Oder sich der wissenschaftlichen Erklärung nähern: Es handelt sich um Reste zerfallener Sandsteinbänke, die vor etwa 85 Millionen Jahren nach dem Verschwinden eines flachen Meeres entstanden sind. Übrig blieb der wissenschaftlich erfasste »Aachener Sand«.

Adresse Augustinerweg / Grenzübergang Köpfchen, 4730 Hauset (B) | **ÖPNV** Bus 14, Haltestelle Augustinerweg, dem Augustinerweg in Richtung Monschauer Straße etwa 500 Meter gefolgt, biegt man rechts zu den natürlichen Resten des Landgrabens und den Zyklopensteinen ab | **Tipp** Eine weitere Geschichte aus der Vergangenheit erzählt das Kever-Kreuz unweit der Zyklopensteine. Hier wurde im Jahr 1802 der aus dem belgischen Raeren stammende Kaufmann Edmund Kever überfallen und ermordet.

90 Didi Muziek en Strip Hal

Schlaraffenland für zweite Vinyl-Hand

Wer des Niederländischen mächtig ist, ist hier insofern im Vorteil, als dass ihm der Name »Didi Muziek en Strip Hal« bereits klare Hinweise auf das gibt, was ihn hier – gut versteckt in einem Gewerbegebiet in Heerlen – erwartet. Zum einen handelt es sich hier nicht um ein Ausziehlokal, denn »Strip« heißt übersetzt nichts anderes als Comic; zum anderen wundert er sich nicht, wenn er tatsächlich zunächst vor einer unscheinbaren Halle steht.

Beim Betreten verschlägt es dann vor allem Liebhabern von Vinyl-Schallplatten erst einmal den Atem. Etliche Tausend LPs und Hunderttausende von Singles – keine Übertreibung! – erwarten hier den analogen Musik-Junkie. Und es ist sehr, sehr unwahrscheinlich, dass dieser den Laden ohne eine Plattentüte unter dem Arm verlässt.

Der junge Mann hinter der Verkaufstheke ist zwar der Besitzer, heißt aber nicht Didi, auch wenn der Name des Geschäfts das nahelegt. Der »echte« Didi verstarb bereits im Jahr 2004, ein kleines Porträt des Meisters hängt an exponierter Stelle. Der Laden wurde zu seinen Ehren schlichtweg nicht umbenannt.

Das Ambiente mag auf den ersten Blick etwas spartanisch wirken, doch die Herzlichkeit und die wahre Begeisterung für die »gute Sache« (also die vollkommene Hingabe an ein schwarzes Stück Kunststoff mit einer Rille auf jeder Seite) seitens des Fachpersonals wiegen den Von-außen-Eindruck auf. Der Spruch, dass Musik verbindet, ist nie wahrer als dann, wenn einem ein Liebhaber strahlenden Auges eine vollständige Kollektion äußerst rarer Blue-Note-Singles aus seinem Privatbesitz präsentiert. Weil er den Freund, um nicht zu sagen den Bruder, im Gegenüber erkennt.

Bei Didi bekommt man auch eine erkleckliche, aber gut sortierte Auswahl an Comics und Filmen auf ähnlich anachronistischen Medien wie dem Vinyl sowie CDs uns DVDs in nicht unerheblichen Mengen. Die Preise sind allerdings unromantisch.

Adresse In de Cramer 24B, 6411 RS Heerlen (NL) | **Anfahrt** über die A 4 und die N 281 nach Heerlen, die korrekte Abfahrt heißt wie die gesuchte Straße: In de Cramer; 2. Ausfahrt im 1. Kreisverkehr nehmen | **Öffnungszeiten** Di, Mi, Fr 11 – 18 Uhr, Do 11 – 20 Uhr, Sa 11 – 17.30 Uhr | **Tipp** Sehenswürdigkeiten sind rar in der zwar alten, aber nicht gerade historisch bebauten Stadt Heerlen. Viele alte Gebäude verschwanden in der industriellen Hochzeit. Der Förderturm der 1974 stillgelegten Zeche Oranje-Nassau geht da schon als Wahrzeichen durch.

91 Das Wasserkraftwerk Heimbach

Zeitlose Energie hinter historischer Fassade

Wenn sich Kaiser Wilhelm II. in die Nordeifel bemüht, muss etwas Besonderes geboten werden. Dass der deutsche Monarch der Urfttalsperre die Ehre erwies, bewies die Bedeutung der Anlage am Beginn des 20. Jahrhunderts: Bei seiner Inbetriebnahme am 8. August 1905 war das Jugendstilkraftwerk mit seinen zwölf Megawatt Leistung die größte Anlage Europas. Es versorgte damals Aachen, Düren, Euskirchen und sogar Teile von Köln mit Strom. Und nicht zuletzt ermöglichte es die Industrialisierung der Region. Erst in den 1930er Jahren lief ihr die unterhalb für den zweitgrößten Stausee des Landes erbaute Rurtalsperre den regionalen Rang ab. Herausragendes Modell für Großprojekte in aller Welt ist die Anlage am Kermeterberg geblieben.

Ingenieur Otto Intze hatte einen für damalige Verhältnisse ziemlich gewaltigen Plan für den Bau mitten im heute ersten und einzigen Nationalpark Nordrhein-Westfalens vorgelegt. Für die nötige Finanzierung entwickelte der Aachener TH-Professor, nach dessen Anleitung insgesamt 40 Talsperren im damaligen Deutschen Reich entstanden, obendrein eine Art frühes Fundraising. So nutzte er die wachsende Nachfrage der Industrie nach elektrischer Energie, um Geldmittel für den Bau der Stauanlage und des Kraftwerks zusammenzubringen. Das weiße Bauwerk mit seinen Türmchen und Fensterbögen ist nicht nur von außen ein architektonisches Schätzchen. Die Turbinenanlagen im Inneren glänzen erhaben und fügen sich ebenso in das stimmige Gesamtbild von industrieller Kultur wie die schmucken, auf Marmor montierten Schalttafeln aus Messing. Fenster, Fliesen, Mosaiken und Holztüren sind liebevoll gepflegt, die Zeit scheint stehen geblieben zu sein. Seit 1998 findet mit »Spannungen« jährlich ein hochkarätig besetztes Klassikfestival im einmaligen Ambiente des Kraftwerks statt. Dann schweigen sogar die unermüdlichen Turbinen: Wegen der Lärmentwicklung werden sie abgeschaltet.

Adresse Kleestraße, 52396 Heimbach | **Anfahrt** von Aachen über die B 258, L 238 und B 399 Richtung Simmerath, dort weiter Richtung Heimbach (L 218), an der Kleestraße in Heimbach nach rechts abbiegen | **Tipp** Rund um die Stauanlage Heimbach kommt auf kurzen oder langen Wandertouren Eifelfeeling pur auf.

92 Die Bergarbeitersiedlung Bierstraße

Revierflair im Nordkreis

Das Ende kam schleichend, aber es kam, um endgültig zu sein. Mit der Schließung der Gruben im Aachener Revier verloren auch die langen Reihen der prägenden Bergarbeiterhäuser ihren Reiz und Funktion und Lebensmut. Strukturwandel brachte Umzug, die Siedlungen standen leer und waren zusehends vom Abriss bedroht. So war es auch hier an der Bierstraße, wo eine der ältesten erhaltenen Industriesiedlungen der Region steht. Sie liegt rund vier Kilometer Luftlinie entfernt von der Alsdorfer Zeche Anna: eine der letzten Gruben, in der noch Steinkohle gehauen wurde.

Mit den langen Reihen der Häuschen erfüllte sich für manche Familie der Traum vom Eigenheim auf durchgeplanten Quadratmetern. Schlichte Gestaltungselemente, gelbe Ziersteine zwischen dominantem Braun, schufen so etwas wie Heimeligkeit. Reste dieser typischen Bauweise findet man zum Glück bis heute immer noch im Aachener Nordkreis, dem einstigen Ballungsraum des alten Reviers. Doch nur wenige dieser charakteristischen Straßenzüge haben in jüngerer Vergangenheit eine solch liebevolle Aufwertung erfahren wie die Wohnanlage an der Bierstraße. Im Jahr 1991, als Städte wie Herzogenrath und Alsdorf längst ihre aktive Bergbaukarriere beendet hatten, nahm sich die Landesentwicklungsgesellschaft Aachen der insgesamt 24 Einheiten an und schuf frischen Lebensraum nach dem Konzept des sozialen Wohnungsbaus.

Ein Blick auf den Grundriss offenbart den planerischen Pragmatismus: So bestanden die Unterschiede in der Bauweise mitunter schlicht in der Anzahl der einzuplanenden Kinderzimmer. Oder eben auch mal »ohne«. Man kann es den Neugestaltern nur hoch anrechnen, dass sie die typische Siedlungsstruktur mit ihren offenen und langen Gärten beibehalten haben. So bleiben die Arbeiter-Lebensräume mitsamt ihrem ursprünglichen Charakter erlebbar.

Adresse Bierstraße, 52134 Herzogenrath | **Anfahrt** von Aachen über Krefelder Straße (B 57), am großen Kreisverkehr hinter Würselen weiter Richtung Herzogenrath (L 223, dann L 232), in Herzogenrath von der Geilenkirchener Straße rechts abbiegen auf Bierstraße | **ÖPNV** Bus 69 ab Herzogenrath Bahnhof, Haltestelle Bierstraße Schule | **Tipp** Belebend und entspannend zugleich: ein Spaziergang von der Bierstraße aus vorbei am Waldstadion Herzogenrath bis hinüber zum Naherholungsgebiet Broichbachtal.

93_Das Geisterdorf Pier

Der Tod kommt von Westen

Wenn die Bagger kommen, haben gewachsene Strukturen keine Chance. Allein für den Tagebau Inden mussten seit den 1990er Jahren fünf Ortschaften weichen. Im gesamten Rheinischen Braunkohlerevier verschwanden bis heute gar rund 50 Dörfer von den Landkarten. Nicht selten unter dem langjährigen Widerstand der Bevölkerung, die sich verständlicherweise ihrer Wurzeln und Traditionen beraubt sah. Zurück blieb neben zerstörten Lebensentwürfen immer wieder das skurrile Bild einer zurückgelassenen Siedlung. Die Siedlungsgeschichte in der niederrheinischen Bucht und deren Umland ist ja nicht eben von gestern.

Auch Pier hat Baudenkmäler und einen jüdischen Friedhof zu bieten. Das Schicksal des langsamen Todes ereilte das Dorf ab 2005. Die einstmals knapp 1.300 Einwohner von Pier haben ihre Domizile mittlerweile verlassen. Mit ihnen ging das Leben, verließen die viel zitierten Seelen diese jahrhundertelang in Landwirtschaftsflächen eingebettete Siedlung. Einst war es eines dieser typischen Durchgangsdörfer. Wenn Pier nicht das Ziel war, dann lag es auf dem Weg. Die Bundesstraße 56 führte früher mitten durch den Ort, mittlerweile wurde sie Richtung Osten verlegt.

Niemand kommt mehr nach Pier, um zu bleiben. Fußgänger sind hier heute eine Ausnahmeerscheinung. Autofahrer machen jedenfalls große Augen, wenn sie etwa Menschen nahe der alten Kirche erblicken. Ihre mit Holz verkleideten Fenster stehen symbolisch für das diffuse Verlangen, die tot geweihte Bebauung vor Vandalismus zu schützen.

Bis 2015 sollen die Häuser mit ihren verrammelten Fenstern und Türen endgültig verschwinden. Spätestens dann wird der schleichende Tod aus dem Westen sich des Gebietes bemächtigen, das schon zu Zeiten Karls des Großen schriftlich erwähnt wurde. Und spätestens dann wird Pier auch auf den Listen der »ehemaligen Ortslagen« im Tagebaugebiet Inden auftauchen.

Adresse L 12 zwischen Lucherberg und Krauthausen, 52459 Inden-Pier | Anfahrt Mit dem Auto ist Pier über die A 4 zu erreichen. An der Ausfahrt abfahren und in Richtung Inden / Langerwehe (L 241) halten. Bei Lamersdorf auf die L 12 wechseln. Sie führt über Lucherberg nach Pier. | Tipp Am vorrückenden Tagebau befinden sich diverse Aussichtspunkte, zum Beispiel bei Lamersdorf an der Merödgener Straße.

94 Das Göhltalmuseum

Einmalige Zeugnisse von Neutralität und Galmei

An keiner anderen Stelle ist die kuriose Geschichte des längst vergangenen Länderprovisoriums namens Neutral-Moresnet so lebendig wie in dem ehemaligen Herrenhaus in der Kelmiser Maxstraße. Hier sind sie ausgestellt, die erhaltenen Zeugnisse aus der Zeit zwischen 1815 und 1919: Fotos, Karten, Münzen und Alltagsgegenstände aus einer Zeit, als ein 344 Hektar großes Gebiet als weitgehend eigenständiger Staat zwischen Preußen und den Niederlanden existierte. Das Königreich Belgien, auf dem das Gebiet heute liegt, existierte erst ab 1830/1831. Möglich wurde das Staatenunikum durch Streitigkeiten nach dem Wiener Kongress und der Neuordnung der Grenzen. Demnach hatten sowohl Preußen als auch die Niederlande ein begieriges Auge auf die hier gelegenen und zur Zinkherstellung benötigten Galmei-Vorkommen geworfen. Man einigte sich schließlich auf ein neutrales Gebiet unter kommissarischer Verwaltung beider Länder. Abbau und Verarbeitung durch die Gesellschaft Vieille Montagne brachten Neutral-Moresnet und seinen Einwohnern beachtlichen Wohlstand.

Ein weiteres Kuriosum stellen die Bestrebungen des ehemaligen Grubenarztes Dr. Wilhelm Molly dar, der ab 1907 versucht hatte, hier den ersten Esperanto-Staat der Welt aufzubauen. »Amikejo« sollte dieser heißen, und der buchstäbliche Ort der Freundschaft wurde tatsächlich 1908 in Anwesenheit von 150 »Esperantisten« aus Spanien, Frankreich und den direkten Nachbarländern ausgerufen. Außerhalb des Museums ist heute nicht viel übrig von Neutral-Moresnet, das 1919 in Kelmis umbenannt wurde und kurz vor dem Ersten Weltkrieg 4.668 Einwohner zählte. Die Industrieanlagen sind längst verschwunden, nur das Direktionsgebäude oder der Casinoweiher deuten noch auf die Zeit der Vieille Montagne hin. Etwa 50 erhaltene Steine markieren die alten Grenzen nach wie vor. Den nördlichsten Punkt bildete das Dreiländereck, das so rund 100 Jahre lang ein Vierländereck war.

Adresse Maxstraße 9, 4721 Kelmis (B) | **Anfahrt** von Aachen über Lütticher Straße, Grenzübergang Bildchen, weiter bis Kelmis, dort links abbiegen auf Maxstraße | **ÖPNV** Bus 24 ab Aachen-Bushof, Haltestelle Kelmis B.B.L. | **Öffnungszeiten** Di, Fr 8 – 12 Uhr, Mi 8 – 12 Uhr und 14 – 16.30 Uhr, Sa, So 14 – 18 Uhr | **Tipp** Nur fünf Minuten Fußweg vom Museum entfernt liegt der Casinoweiher. Der rund fünf Hektar große Stausee wurde von der Bergwerksgesellschaft »Vieille Montagne« als Wasserreservoir für die Wäsche der Galmeierze angelegt. Die dabei entstandenen Ablagerungen sind noch in Form von angehäuften Halden zu erkennen.

95 Die Nieuwstraat

Die mittig geteilte Grenzstraße

Eines der skurrilsten Szenarien der Grenzverläufe im Aachener Umland bringt die Nieuwstraat hervor. Oder doch Neustraße? Nun, beides gilt. Denn auf einer Länge von 1,5 Kilometern verläuft die deutsch-niederländische Grenze hier mitten auf der Straße und trennt die seit über 800 Jahren eng verbundenen Städte Kerkrade auf niederländischer und Herzogenrath auf deutscher Seite. Am nordöstlichen Ende der Straße steht seit 2003 das Eurode Business Center, es steht sowohl auf deutschem als auch auf niederländischem Gebiet. Selbstverständlich teilen sich auch hier Firmen und Institutionen beider Länder die Räumlichkeiten, so wird die euregionale Idee auch in Sachen Wirtschaft ausgelebt.

Viele Jahrhunderte lang bildete die Nieuwstraat eine der zahlreichen Schmugglerrouten in der Region. Die letzte Hochzeit erlebte der »andere« Grenzverkehr nach dem Zweiten Weltkrieg, als besonders der Kaffeeschmuggel Hochkonjunktur hatte. In vergangenen Jahren noch durch Mauern und Zäune geteilt, sorgte zuletzt ein kniehoher Betonstreifen für eine sichtbare Grenzmarkierung. Nicht zuletzt aufgrund langjähriger Proteste der deutschen wie niederländischen Bevölkerung verschwand auch dieses Hindernis.

Während der Fußball-Weltmeisterschaft 1990 standen sich an der Neustraße im Zuge des alten Nachbarschaftsduells Deutschland gegen die Niederlande verfeindete Hooligans gegenüber und tauschten auf dem kurzen Grenzweg wenig freundschaftliche Körperlichkeiten aus. Aus diesem unschönen Umstand heraus entwickelte sich allerdings in den folgenden Jahren eine bis heute bestehende Fanfreundschaft zwischen den Anhängern von Alemannia Aachen und dem hier beheimateten niederländischen Erstligisten Roda Kerkrade. Der Fußball schreibt eben immer noch die besten, mitunter sogar friedensstiftenden Geschichten. Auch hier im Grenzland, wo man es eigentlich mit den Länder- und Nationalitätentrennungen ohnehin nicht so genau nimmt.

Adresse Nieuwstraat / Neustraße, 6461 Kerkrade (NL) | **Anfahrt** von Aachen über Roermonder Straße (L 232) bis Herzogenrath, dort links abbiegen auf Kohlberger Straße, erste Ausfahrt im Kreisverkehr nehmen | **ÖPNV** Bus 47, 57 ab Aachen Bushof, Haltestelle Pannesheide | **Tipp** Das abgebildete Café zur Grenze ist leider Geschichte, dafür laden zum Beispiel am Markt etliche Kneipen in der ehemaligen Bergbaustadt ein.

96 Der Maastricht-Aachen Airport

Das Tor zur Welt ist nachts weit offen

Es sind nicht die Touristenmassen, die das »Vliegveld Zuid-Limburg« besonders machen. Die sind relativ überschaubar, wie der kleine Terminal für Personenflüge selbst. Ein paar Check-in-Schalter, Abfertigungsbereich, nichts Besonderes. Fast wähnt man sich an einem der vielen gesichtslosen Flughäfen in irgendeinem Niemandsgebiet, wie sie der moderne Billigflugverkehr überall möglich gemacht hat. Nicht die vergnügungssüchtigen Urlauber, die seit der Ansiedlung von Ryanair und Co. vermehrt den Maastricht-Aachen Airport ansteuern, manifestieren die Bedeutung. Es sind die Frachtflüge in alle Winkel dieser Welt, die einen Hauch von großer, weiter Welt in die Südlimburger Landschaft zaubern. Darüber hinaus werden vom integrierten »Upper Area Control Centre« aus die oberen Flugwege Nordwestdeutschlands, der Beneluxländer sowie Nordfrankreichs überwacht.

Die Liste der Zielorte würde eine hübsche Weltreiseroute ergeben: Südafrika, Türkei, Russland, China, England, Kolumbien und zurück. Während die Rollbahn tagsüber vorwiegend von Urlauberjets beherrscht wird, schwingen sich Nacht für Nacht die Transportflieger in alle Welt auf. Begibt man sich also in den dunklen Stunden hierher, kann etwas von dem Fernweh aufkommen, das die Menschen beim Anblick rollender Züge oder abhebender Flugzeuge befällt.

Was 1944 als alliierter Luftwaffenstützpunkt »Airfield Yankee 44« begann, hat sich zu einem wichtigen internationalen Knotenpunkt herausgemacht. Weitere Ausbaupläne scheiterten bislang an der Tatsache, dass mögliche Einflugschneisen über bewohntem Gebiet liegen würden. So wird das kleine Tor zur Welt wohl vorerst seine Überschaubarkeit behalten, das mit seinem Namen zudem als ultimative Botschaft für die euregionale Idee durchgeht. Die Umbenennung in »Maastricht-Aachen Airport« hatte 1994 allerdings vor allem wirtschaftliche Gründe.

Adresse Vliegveldweg, 6199 ZG, Maastricht (NL) | Anfahrt Von Aachen aus ist der Airport über die A 76 erreichbar. Am Kreuz Kerensheide-Stein auf die A 2 in Richtung Maastricht / Luchthaven wechseln, anschließend an der Ausfahrt Ulestraten abfahren und der Beschilderung folgen. | Tipp Die regelmäßig stattfindenden Führungen vermitteln einen spannenden Eindruck von Historie und aktueller Betriebsamkeit (Infos im Web unter www.xn—flughafenfhrung-8vb.com).

97_The Netherlands American Cemetery

Der einzige seiner bedrückenden Art

Es ist ein Szenario, wie es sich jedes Jahr viele Hundert Mal wiederholt auf den Friedhöfen der Schlachtfelder beider Weltkriege. Alte Männer legen Kränze nieder, sie salutieren vor Fahnen und bewegen sich bedächtig vorbei an endlosen Reihen von weißen Kreuzen, die irgendwo in der grünen Landschaft aufgereiht stehen. Jahr für Jahr reisen sie nach Europa, zurück an die Schauplätze ihrer Jungerwachsenenzeit, als sie Tod und Gewalt kennenlernten und die Abgründe menschlichen Handelns und Denkens. Und Jahr für Jahr werden sie weniger, die Veteranen, die ab 1944 an der Befreiung Europas vom nationalsozialistischen Terrorregime mitwirkten.

Das Gräberfeld von Margraten ist dennoch keines wie die anderen. Es ist der einzige amerikanische Soldatenfriedhof auf niederländischem Boden. Am 13. September 1944 endete der Krieg in diesem Teil Südlimburgs. Zumindest, was die Kämpfe angeht. Einheiten der 30. US Infantry Division befreiten die Maastrichter Region von den deutschen Besatzern. Doch Krieg fordert unablässig Leben, so auch hier, im hügeligen Süden des Königreichs. Bereits zwei Monate später wurde vor den Toren Margratens ein Soldatenfriedhof angelegt. Ein Jahr später fanden erstmals Gedenkfeiern zum Memorial Day statt, an denen auch die Bevölkerung in Scharen teilnahm. Die Verbundenheit mit den Befreiern mag in den unmittelbaren Jahren etwas enger gewesen sein als heute. Allerdings halten viele Limburger Patenschaften für eine der 8.302 Grabstätten aufrecht. Zum offiziellen Titel gehört übrigens der Zusatz »… and Memorial«. Dazu gehören ein Ehrenhof, ein Mahnmal sowie ein Turm mit Kapelle.

Am 8. Mai 2005 nahmen die niederländische Königin Beatrix und der damalige US-Präsident George W. Bush an den jährlichen Erinnerungszeremonien teil. Auch der selbst ernannte Weltneuordner aus Texas wusste offenbar um die einmalige Bedeutung.

Adresse Amerikaanse Begraafplaats 1, 6269 ZG Margraten (NL) | **Anfahrt** vom Grenzübergang Vaals aus der N278 folgen. Die Maastrichterlaan wird hinter Vaals zum Rijksweg und führt über Gulpen bis Margraten. Dort der Beschilderung folgen. | **Öffnungszeiten** täglich 9 – 17 Uhr; 25. Dez., 1. Jan. geschlossen | **Tipp** Dass die Niederlande eine Radsportnation sind, zeigt sich auch in der hügeligen Landschaft um Margraten. Neben zahllosen Hobbyfahrern durchqueren auch die Profis der Zunft beim Frühjahrsklassiker Amstel Gold Race den Ort. Dann ist die ganze Region auf den Beinen und jubelt den Fahrern zu.

98_Das KuK

Blühendes Kulturkleinod in beschaulicher Umgebung

Nicht nur regionale Szenekenner dürften sich fragen: Wie kann es bloß angehen, dass ein beschauliches Eifelstädtchen in jüngerer Vergangenheit in geradezu bestechender Regelmäßigkeit erlesene Kunst mitunter von definitivem Weltrang beherbergt? Modern, urban und immer wieder bissig – das Kunst- und Kulturzentrum der StädteRegion Aachen hat sich zum Schauplatz für hoch spannende Ausstellungen entwickelt. Ausgemachte wie selbst ernannte Experten loben dabei auch den Wagemut der Kulturdezernentin, abseits des Mainstreams auf Ausstellungsfang zu gehen und dabei immer wieder Geheimtipps in die Tuchmacherstadt zu locken.

Mit den künstlerischen Stippvisiten von Anton Corbijn und Jim Rakete fällt aber immer wieder auch der Glanz weltberühmter Fotokünstler auf Monschau, das ansonsten eher für kaffeetafelnde Gemütlichkeit ist. Wenn dann im Rahmen der Eröffnung auch noch mit dem alten Gassenhauer-Evergreen »Der Künstler ist anwesend« gewuchert werden kann, ist das Glück von der großen Kunst im kleinen Städtchen perfekt. Dabei passiert unter dem Dach des 150 Jahre alten Hauses an der Austraße 9 längst nicht nur »Externes«. Es sind die Ateliers, Seminar- und Ausstellungsräume, die die Spannung im ehemaligen Monschauer Finanzamt aufrechterhalten. Hier wird produziert und präsentiert, kreativer Austausch steht in der hauseigenen Philosophie ganz weit oben. Kommunikation statt Isolation ebenso. Das macht das KuK zu einem zugänglichen Ort für Jugendliche wie Erwachsene. Ein Ort, der sich nicht abschottet gegenüber der Außenwelt und ach so elitäres Kunstverständnis voraussetzt.

Bis unter die alten Giebel pulsiert der ungemein zeitgenössische Kulturtempel in beschaulicher Umgebung. Und wem nach dem Kunstmenü doch noch nach leichterer Kost sein sollte, der findet diese nur wenige Schritte entfernt, an einer der exzellenten Kaffeetafeln der Monschauer Altstadt.

Adresse Austraße 9, 52156 Monschau | **Anfahrt** von Aachen über die B 258, hinter Monschau von der Umgehungsstraße links auf die Schleidener Straße abbiegen, die zur Austraße führt | **ÖPNV** SB 63, 66, Haltestelle Parkhaus / Schmiede | **Öffnungszeiten** Di – Fr 14 – 17 Uhr, Sa, So 11 – 17 Uhr | **Tipp** In Monschau führen bis heute einige ehemalige »Aussteiger« ihre Ateliers und Galerien. Beim Spaziergang einfach mal die Augen offen halten.

99__Der Eifeldom

Keiner von vielen

Das Dorf drängelt förmlich in belgisches Gebiet hinein. Hinter den Gärten der alten Häuser am Messeweg fällt das Gelände ins Schwarzbachtal und damit ins Nachbarland ab. Obwohl ganze sechs Kilometer entfernt, ist Kalterherberg tatsächlich ein Ortsteil des Touristenmekkas Monschau. Regelmäßige mediale Aufmerksamkeit erlangt das Dorf durch seine Wetterstation. Nicht selten werden aus dieser Ecke die niedrigsten Temperaturen im Land gemeldet. Kalterherberg ist zudem ein Regenmekka, nur vier Prozent aller deutschen Messpunkte verzeichnen mehr Niederschlag. Nicht umsonst geht auch der Ortsname der »kalten Herberge« auf die Witterung zurück, 1334 wurde »Kaldeherberich« erstmals urkundlich erwähnt. In den letzten Jahrzehnten hat sich das Dorf auch zu einem »Aussteigerdomizil« für naturbewusste Städter entwickelt.

Kalterherbergs größte Attraktion ist seit 1901 kaum zu übersehen. Die katholische Kirche St. Lambertus, besser bekannt als Eifeldom, ragt aus ihrer Umgebung in jeder Hinsicht heraus. Nach kurvigen Kilometern durch grünes Eifelland gelangt man zu jener kalten Höhensiedlung, die seit 1687 eine eigene Pfarre führt. Eine schmucke Kapelle würde man hier oben vermuten, eine kleine Bruchsteinkirche – aber ein von zwei Türmen flankiertes, neuromanisches Ungetüm? Möglich wurde der leicht überdimensioniert wirkende Bau durch die Tatsache, dass die alte Dorfkirche aus dem 18. Jahrhundert schlicht zu klein für die Zahl der Gemeindemitglieder wurde.

Dafür richtete man einen Fonds ein, der nach 30 Jahren offenbar so üppig gefüllt war, dass der Entwurf mit der 42 Meter hohen Doppelturmfassade locker durchgewunken werden konnte. Der geläufige Name ist übrigens kein Alleinstellungsmerkmal: Insgesamt zehn Kirchen in der Region tragen das Prädikat »Eifeldom«, die älteste von ihnen ist die Basilika St. Potentinus, Felicius und Simplicius im bekannten Kloster Steinfeld aus dem 12. Jahrhundert.

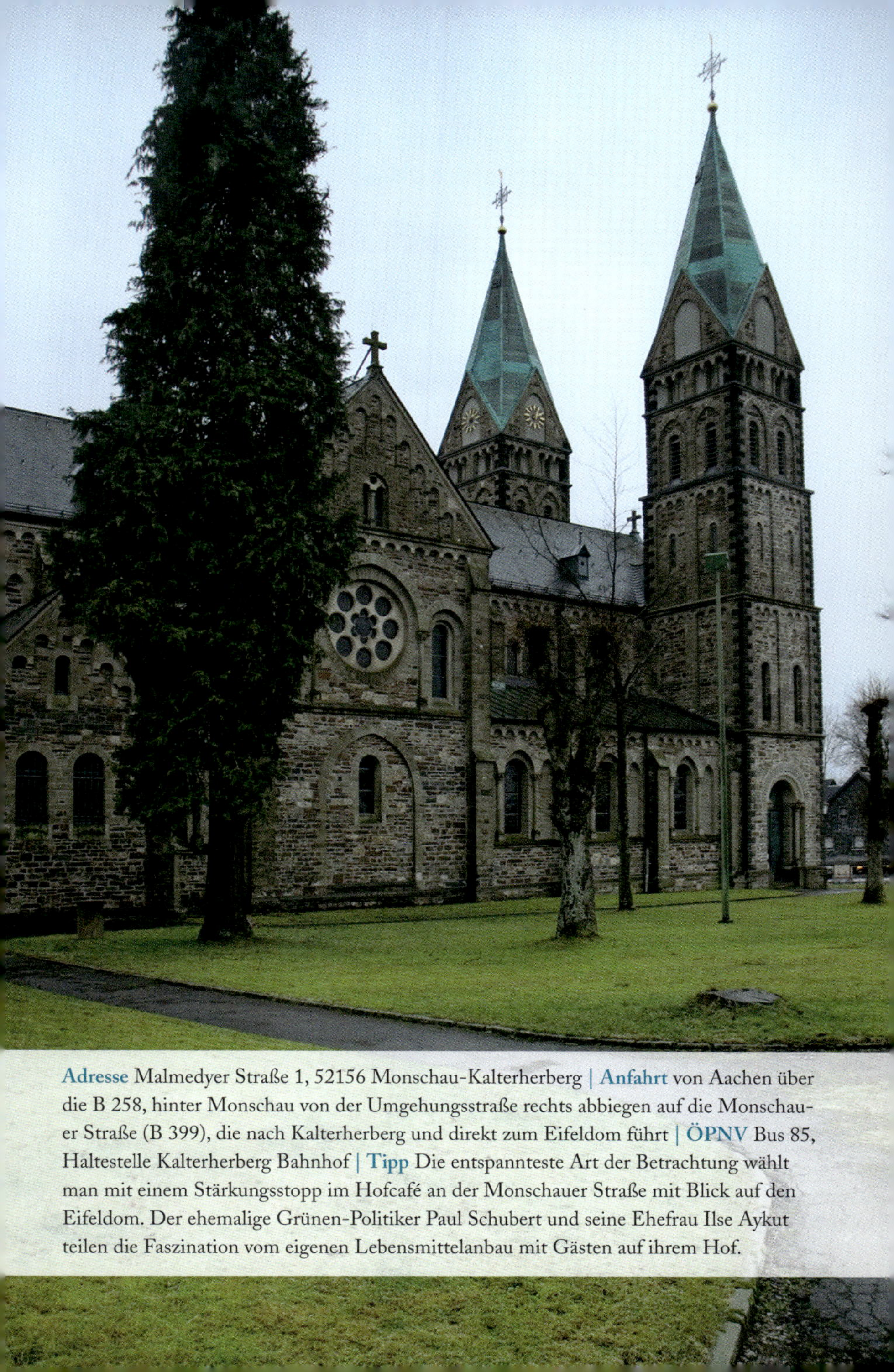

Adresse Malmedyer Straße 1, 52156 Monschau-Kalterherberg | **Anfahrt** von Aachen über die B 258, hinter Monschau von der Umgehungsstraße rechts abbiegen auf die Monschauer Straße (B 399), die nach Kalterherberg und direkt zum Eifeldom führt | **ÖPNV** Bus 85, Haltestelle Kalterherberg Bahnhof | **Tipp** Die entspannteste Art der Betrachtung wählt man mit einem Stärkungsstopp im Hofcafé an der Monschauer Straße mit Blick auf den Eifeldom. Der ehemalige Grünen-Politiker Paul Schubert und seine Ehefrau Ilse Aykut teilen die Faszination vom eigenen Lebensmittelanbau mit Gästen auf ihrem Hof.

100 Das Kreuz im Venn

Der grüne Eifelteppich liegt zu Marias Füßen

Am Rande der Hochmoorlandschaft Hohes Venn, im Dunstkreis der fließenden grünen Grenze, ragt der einzige Konglomeratsfelsen der Nordeifel aus dem Waldteppich. Ein Blick ins Geologielexikon verrät: Diese Art von Gesteinsformation entsteht unter anderem durch Erosion an den Meeresküsten. Womit sich auch ihr Auftauchen in der Eifelregion erklären ließe, bedeckte doch vor 380 Millionen Jahren ein tropisches Gewässer die hügelige Landschaft des heutigen Nationalparks.

Die zerfurchte Felsformation Richelsley taucht ziemlich unvermittelt aus dem Waldboden auf und erstreckt sich auf einer Länge von 80 Metern und bis zu zwölf Metern Höhe. Auf verschlungenen Pfaden gelangt man vom Parkplatz an der Reichensteiner Straße nach etwa 15 Minuten Fußweg hierher. Am Fuße des Brockens steht seit 1894 eine gleichnamige Marienstatue in einer kleinen natürlichen Vertiefung. 31 Stufen führen zum metallenen Kreuz hinauf, das im Jahr 1890 zu Ehren des einstigen Priors des Klosters Reichenstein aufgestellt wurde. Dieser Mann namens Stephan Horrichem gilt auch als »Apostel vom Hohen Venn«. Kreuz und Marienstatue sind beliebte Pilgerziele, diverse Bänke bieten Platz für müder Gläubiger Glieder. Abends treffen sich hier eher die jüngeren Eifler zum gepflegten Abhängen mit Vennblick.

Wenige Kilometer weiter nördlich findet man noch einen anderen bedeutsamen, allerdings weniger historisch verbrieften Stein: In der Nähe von Mützenich, einer kleinen Exklave, die komplett von belgischem Staatsgebiet umschlossen ist, liegt eine angebliche Bettstatt Kaiser Karls. Einer Sage nach verirrte sich der Frankenherrscher hier bei einem Jagdausflug im Hohen Venn. Er fand also nicht mehr den Weg in sein geliebtes Aachen und war so angeblich gezwungen, auf einem Quarzitfelsen zu übernachten. Mit der nötigen Glaubenstiefe und viel Phantasie sind sogar Vertiefungen für Kopf und Füße zu erkennen.

Adresse Parkplatz an der Reichensteiner Straße (L 106), 52156 Monschau-Kalterherberg | **Anfahrt** von Aachen über die B 258, in Konzen rechts auf Hatzevennstraße abbiegen, in Mützenich links auf Reichensteiner Straße (L 106) abbiegen, auf den gleichnamigen Parkplatz achten | **ÖPNV** Bus 85, Reichensteiner Straße, 15 Minuten Fußweg in Richtung Westen, den Hinweisschildern folgen | **Tipp** Wer die Aussicht schätzt, sollte sich bei der Gelegenheit auch zum höchsten Punkt der Städteregion aufmachen: Der Steling bei Mützenich ragt aus der Mittelgebirgslandschaft mit knapp 659 Metern heraus. In der Nähe befindet sich auch Kaiser Karls Bettstatt. Oder war der steinerne Findling womöglich doch ein Opfertisch aus frühchristlicher Zeit?

101 Der Kalvarienberg

Fallsucht bringt Wallfahrtsort

Etwa an der Stelle, wo heute die Moresneter Wallfahrtskirche von 1880 steht, soll alles begonnen haben. Hier hatte ein gewisser Peter Arnold Frank 1750 ein Marienbildnis aufgestellt, von dem sich der gottesfürchtige Mann Linderung für seine epileptischen Anfälle erhoffte. Tatsächlich soll er später von der damals als Fallsucht bekannten Krankheit genesen sein.

Der Startschuss für die ganz große Marienverehrung im Moresneter Land war gefallen. Eine Art früher Wallfahrtstourismus setzte ein. Viele Jahre später musste dann eine größere Devotionsstätte für die Pilgerströme her. Dazu wurde ab 1900 ein Kreuzweg mit individuell gestalteten Grotten angelegt, erbaut unter anderem aus Nebenprodukten der Moresneter Bergbauindustrie. Die »Außenhüllen« bildet Vulkanstein, was den Höhlen etwas Naturgebildetes verleiht. Herz der parkartigen Anlage ist der Kalvarienberg mit seiner mächtigen Kreuzigungsgruppe.

Die meist lebensgroßen Nachbildungen der Todesszene Jesu sind in ganz Europa verbreitet, in der französischen Bretagne prägen sie gar eine ganze Region als Wahrzeichen. In Deutschland gibt es rund 40 Kalvarienberge. Der Begriff leitet sich aus der lateinischen Übersetzung des Berges Golgotha ab: Calvariae locus, »des Schädels Ort«. In Belgien gibt es nur zwei, Moresnet-Chapelle darf sich eines ziemlich beeindruckenden Exemplars rühmen.

Im Sommer ist dies ein heller Ort, dessen teilweise exotischer Baum- und Pflanzenbestand gemütliche Atmosphäre versprüht. Verweigert oder senkt die Sonne ihr Licht, entfalten die Kreuzwegstationen mitunter eine Art von sakraler Bedrohlichkeit. Zur Stille des Ortes gesellt sich die Bildgewalt, wenn hinter einer Wegbiegung die nächste Grotte auftaucht. Offenbart sich dann der eigentliche Kalvarienberg mit der Kreuzigungsszene als Station Nummer 12 am Rande einer kleinen Wiese, ergreift die Erhabenheit selbst weniger bibeltreue Zeitgenossen.

Adresse Place Arnold Franck 1, 4851 Moresnet-Chapelle (B) | Anfahrt von Aachen über die Lütticher Straße, Grenzübergang Bildchen, weiter bis Kelmis, rechts abbiegen in den Heygraben; Moresnet-Chapelle ist ausgeschildert | ÖPNV Bus 24 ab Aachen Bushof, Haltestelle Hattich, von dort etwa 30 Minuten Fußweg | Öffnungszeiten ganzjährig geöffnet bis zum Einbruch der Dunkelheit | Tipp Unweit der Kirche ist Pilgerleben auf ostbelgische Art möglich. Die kleine »Wallfahrtsinfrastruktur« hat den einen oder anderen Devotionalienhandel und gastronomische Betriebe hervorgebracht.

102 Der Viadukt von Moresnet

Kriegssklaven für ein Mammutprojekt

Auf 1.100 Metern überspannt der Viadukt das Göhltal, und das seit fast 100 Jahren. Was einst als technische Meisterleistung gefeiert wurde, entsprang dem gnadenlosen Kalkül des Ersten Weltkriegs. 1916 begannen die deutschen Besatzer mit dem Bau der Eisenbahnbrücke, um die Nachschubversorgung für die blutgetränkten Fronten in Flandern und Frankreich zu sichern. Blickt man auf die hohen Verlustzahlen an Menschenleben und Material: Die Frequenz des Zugverkehrs bis Kriegsende muss bedrückend hoch gewesen sein. Erwähnt seien auch die Tausenden von Zwangsarbeitern, die aus halb Europa für den Bau ins hügelige Ausläufergebiet der Ardennen verschleppt wurden. Nicht wenige verloren beim Bau der heute längsten metallenen Eisenbahnbrücke Europas ihr Leben. Noch einmal kam der Viadukt zu zweifelhaften militärischen Ehren, als nach dem zweiten deutschen Kriegsüberfall im Jahr 1940 erneut Truppentransporte über das Göhltal hinwegratterten.

Verkehrsökonomen dürften über das Mammutprojekt mit seinen 21 Betonstelen gejubelt haben, die Einwohner von Moresnet-Village dagegen womöglich weniger. Im Schatten der zwischen 23 und 52 Metern hohen Pfeiler liegt das alte Dorf. Hier beginnt der französischsprachige Teil der Wallonie, und hier ist die monumentale Eisenbahnüberführung bereits mehr als ein Menschenleben lang allgegenwärtig. Während der Fluss, der dem Tal den Namen gab, recht unscheinbar in seinem Bett plätschert. Alt-Moresnet, so der deutsche Name, ist geprägt von alten Bruchsteinhäusern. Seit dem Ende des Bergbaus und der Industrie kämpft die Region gegen hohe Arbeitslosigkeit, junge Einheimische zieht es weg, Auswärtige selten hierher. Fast wirkt es so, als hätte man vor der Übermacht des Viaduktes kapituliert und dem Leben ein Stück Geschwindigkeit entnommen. Während 52 Meter darüber der Güterverkehr rollt.

Adresse Rue du Viaduc, 4850 Moresnet-Village (B) | Anfahrt von Aachen über die Lütticher Straße, Grenzübergang Bildchen, weiter bis Kelmis, rechts abbiegen in den Heygraben, den Schildern Richtung Moresnet-Chapelle folgen, hinter der Eisenbahnbrücke links abbiegen, den Gleisen bis zum Viadukt folgen | ÖPNV Bus 24 ab Aachen Bushof, Haltestelle Hattich, von dort etwa 20 Minuten Fußweg | Tipp Wenn die Sonne über dem Göhltal sinkt, offenbart sich von den hügeligen Wiesen unterhalb des östlichen Bahndamms ein faszinierender Blick auf den Viadukt und das Dorf. Ein Stück talwärts liegt der alte Friedhof von Moresnet.

103 Knauf's Imbiss

»Fritten schmecken immer juut ...«

Selbst solche Euregio-Bewohner, die niemals den Weg über die Bundesstraße 258 auf sich genommen haben, wissen nicht selten dank jahrelanger Dauerbeschallung durch einen Spot im Lokalradio von den Vorzügen dieser schnellgastronomischen Institution. Denn hier werden seit vielen Jahren all jene glücklich, die – laut gereimter Radiobotschaft – die »großen Portionen« lieben und für die der »Weg sich immer lohnen« wird.

Der Reklameaufruf des in unmittelbarer Nachbarschaft ansässigen Radiosenders ist mittlerweile verhallt. Geblieben ist Knauf's Imbiss mit seinem grenzländisch geprägten Frittenbudenliebreiz. Internationalität ist quasi ortsbedingt gegeben, liegt der Backsteinbau doch mitten auf der Grenze. Dieser Zustand bringt auch mit sich, dass der Laden zwar eine deutsche Postleitzahl, dafür aber eine belgische Telefonnummer führt.

Berühmt ist Knauf's Imbiss seit 1977 aber nicht nur für seine frisch zubereiteten belgischen Fritten, die entsprechenden Soßenspezialitäten und allerlei Frittiertes aus dem reichhaltigen Angebot dreier Länder. Auch der erwähnte Charme, festzumachen eher an einer gewissen liebenswerten Verschrobenheit als an besonders gemütlichem Ambiente, lässt sowohl Stammgäste als auch Durchreisende gegenüber dem Roetgener Bahnhof einkehren. In seinen heiligen Frittierhallen hat Besitzer Hans Knauf einen beachtlichen Schilderwald gepflanzt, der für manch mittlere Großstadt reichen würde.

Das Phänomen beginnt schon mit der aktualisierbaren Jahrestafel an der Außenfassade und findet im Gastraum seine Fortsetzung: Scheinbar wahllos weisen hier zahlreiche Hinweis- wie auch Verbotsschilder, Infotafeln oder manchmal bloß ein profaner handgeschriebener Zettel den nicht immer eindeutigen Weg. Wohl nur der Chef selbst kennt sich hier noch aus, was dem Kundenstrom allerdings kaum einen Abbruch tut.

Adresse Bundesstraße, 52159 Roetgen | **Anfahrt** von Aachen über die B 258; hinter der Abzweigung Raerener Straße am Ortseingang von Roetgen liegt Knauf's Imbiss | **Öffnungszeiten** Di – Fr 11 – 21, So 11.30 – 21 Uhr | **Tipp** Im belgischen Ort Raeren-Petergensfeld, der hier direkt an Roetgen grenzt, liegt das Sendegebäude von »Radio Fantasy Raeren«, seit 2001 »Fantasy Dance FM«. Die Welle erlangte vor allem in den 1980er und 1990er Jahren wegen ihres auf junge Hörer ausgerichteten Programms große Bekanntheit in der gesamten Dreiländerregion.

104 Die Ordensburg Vogelsang

Nach der Führerelite kam der donnernde Schlaf

Der erste Gedanke war: Abreißen! Am 4. Februar 1945 erreichten US-Truppen den Höhenzug über dem Urftsee, dort fanden sie die berüchtigte Kaderschmiede der NS-Diktatur verlassen und teilweise zerstört vor. Kaum etwas war hier oben vom elitären Übermensch-Gedanken zu spüren, mit dem die fast 100 Hektar große Anlage ab 1934 in den Eifelhang geschlagen wurde. Doch nicht die Amerikaner hatten über das Schicksal des Beton gewordenen Größenwahns zu entscheiden: Es waren die Briten, in deren Besatzungszone der Bau lag und die ihn als Truppenübungsplatz am Leben erhielten. Ab 1950 zogen belgische Soldaten ein. Das Gelände wurde bis zur Aufgabe der militärischen Nutzung 2005 zu einer riesigen »No-Go-Area« inmitten grüner Landschaft. Seit 2006 sind Teile für die Öffentlichkeit zugänglich. Heute stellt »Vogelsang« das größte zusammenhängende Relikt nationalsozialistischer Architektur neben dem Nürnberger Reichsparteitagsgelände dar.

Hier sollten junge Männer als »Führer, Prediger und Schwärmer für das deutsche Volk« an eine menschenverachtende Weltanschauung herangeführt werden. Viele stammten aus einfachen Verhältnissen, erhofften sich sozialen und politischen Aufstieg. Bei Kernfächern wie Rassenkunde und Wehrertüchtigung dürfte die Aussicht überschaubar geblieben sein.

Zentraler Punkt ist bis heute das Hauptgebäude mit dem 48 Meter hohen Wasserturm. Unter dem Namen »vogelsang ip Internationaler Platz im Nationalpark Eifel« ist ein Zentrum für politische Bildung und erlebnisnahe Naturkunde entstanden. Dabei ist die Weiternutzung ein Vorhaben, das in der Region kontrovers diskutiert wurde. Trotz erster Akzente wirkt die Burg in ihrer Erscheinung erstarrt. Bis heute stehen viele Eifler dem riesigen Gelände skeptisch gegenüber, das so lange von seiner natürlichen Umgebung abgeschottet war.

Adresse Vogelsang ip, 53937 Schleiden | **Anfahrt** von Aachen über die B 258, bei Fringshaus links auf die B 399, dann rechts auf die B 266 abbiegen; hinter Einruhr und weiteren Kilometern durchs Grüne links Richtung Parkplatz Burg Vogelsang abbiegen | **ÖPNV** Bus SB 63, Haltestelle Vogelsang / Parkplatz, SB 82, Haltestelle Vogelsang / Adlerhof | **Öffnungszeiten** täglich von 8 – 20 Uhr (Sommerzeit), 10 – 17.30 Uhr (Winterzeit), tägliche Führungen um 14 Uhr, sonn- und feiertags auch um 11 Uhr | **Tipp** Knapp zwei Kilometer südostlich liegt das Geisterdorf Wollseifen. Der Ort wurde im August 1946 von der britischen Armee geräumt, um für Truppenübungen zu dienen. Seit 2006 ist Wollseifen wieder zugänglich. Bürgerinitiativen kümmern sich um den Erhalt der alten Kirche von 1635.

105 Der Kall Trail

Schlammiges Hindernis im »Hurtgen Forest«

Alles andere als märchenhafte Gedanken inspirierten einen späteren Literatur-Nobelpreisträger zu seiner Aussage über den Hürtgenwald im Winter 1944. Der damalige Kriegsberichterstatter Ernest Hemingway hat bildgewaltige Worte gewählt: Er sprach vom »Wald, in dem die Drachen wohnen«. Die erbitterten Kämpfe in den dichten Wäldern der Nordeifel im Winter 1944/1945, an denen mit J. D. Salinger ein weiterer großer Schriftsteller des 20. Jahrhunderts teilnahm, haben insgesamt rund 68.000 Todesopfer – darunter etwa 50.000 GIs – gefordert. Als trauriger Höhepunkt hat die »Allerseelenschlacht« vom 2. November 1944 bis heute ihren Platz im kollektiven Bewusstsein der USA, bei Überlebenden und Nachkommen. Bis heute besuchen viele Amerikaner die Region von »Bloody Hurtgen«.

Vom Splitterkreuz am Mestrenger Weg in Vossenack führt ein Pfad hinab, der im US-Militärduktus als Kall Trail bekannt wurde. Das tiefe Tal mit seinem Fluss gab dem Weg seinen Namen, hier rückten die Amerikaner immer wieder nach Schmidt vor. Allerdings hatte man das Gelände zuvor unterschätzt und nicht bedacht, dass es sich um einen steilen Waldweg handelte. Der Kall Trail sollte den US-Truppen auch als wichtiger Nachschubweg dienen, erwies sich jedoch vielmehr als Hindernis für die schweren Fahrzeuge. So büßten die Amerikaner in dem schlammigen Gelände auch ihre vorheerige Materialüberlegenheit ein. Noch heute sind an vielen Stellen eilig gegrabene Schützenlöcher und die tiefen Furchen zu sehen, die die Panzer hinterlassen haben.

An der Kallbrücke in der Talebene wurden zwischen dem 7. und 9. November immer wieder Gefangene und Verwundete bei kurzfristig vereinbarten Waffenstillständen ausgetauscht. Seit 2004, 60 Jahre nach der Allerseelenschlacht, erinnert hier die Skulptur »A Time For Healing« nicht an die blutigen Kämpfe, sondern vielmehr an einen kurzen Moment von Humanität im unmenschlichen Krieg.

Adresse Der Einstieg in den Kall Trail befindet sich in der Nähe des Splitterkreuzes am Mestrenger Weg in 52393 Vossenack | **Anfahrt** von Aachen über die B 258 (Brand, Breinig, Zweifall), weiter auf L 24 und B 399 bis Vossenack, dort rechts in den Mestrenger Weg abbiegen | **ÖPNV** mit dem Bus ab Aachen Hauptbahnhof nach Lammersdorf mehrmals täglich (sonntags zum Beispiel 9.20 Uhr ab, 10.17 Uhr an; kein Radtransport) | **Tipp** Das Museum »Hürtgenwald 1944 und im Frieden« (geöffnet sonntags) in Vossenack erinnert mit seiner Sammlung an die verlustreichen Schlachten in der Region.

106_Die Tacoma Snackbar

Fast-Food-Nostalgie made in Breinig

Wie sieht wohl der Lebenstraum einer Zirkusfamilie aus, die sich nach Jahren des Unterwegsseins zur Sesshaftigkeit entschlossen hat? Eine mögliche Antwort auf diese Frage findet man an der Stefanstraße im gemütlichen Stolberger Ortsteil Breinig: Man eröffnet ein American Diner, füllt es mit greifbaren und erlebten Erinnerungen – und schafft so die Voraussetzung für die ultimative Fast-Food-Zeitreise. Auch wenn die namensgebende Artistendynastie längst die Geschicke abgegeben hat: Imbiss-Nostalgiker und Hamburger-Liebhaber finden in der Tacoma Snackbar weiter ihre lieb gewonnene Anlaufstelle.

Aus der Zeit der Ur-Tacomas stammt auch die unglaubliche Sammlung von Devotionalien amerikanischer Lebensart – oder zumindest, wie mancher Mitteleuropäer sie sich vorstellt. Im Laufe der Jahre kamen auch immer mehr Kundenmitbringsel hinzu. Wie das eben so ist: Geschenke soll man ehren, sprich hinstellen, damit niemand beleidigt ist. So authentisch, wie die Phantasie und Wunschvorstellung es eben zulassen. Aber gerade dieser Mix macht seit vielen Jahren den Reiz aus. Die Atmosphäre ist imbiss-rau, aber herzlich, so sieht Truckerromantik im Münsterländchen aus.

Der heutige Betreiber hält das schwere Erbe nach besten Kräften am Leben. Stammkunden und Puristen erkennen allerdings die Nuancen der Veränderung bei dem, was da an gebratenem Fleisch zwischen zwei Weichbrötchenhälften gepackt wird. Letztlich entscheidet der Geschmack. Auch die musikalische Berieselung ist mittlerweile anders verortet, nämlich westwärts über den großen Teich. So knarzt heute zumeist das Heile-Welt-Spartenprogramm einer öffentlich-rechtlichen Sendeanstalt aus den Boxen.

Ein Wahrzeichen grüßt jedoch wie eh und je vom Dach des Hauses: Der rauchende Cowboy ist beinahe schon so etwas wie ein Junkfood-Denkmal, das nach wie vor hungrige Pilger aus allen Himmelsrichtungen ins beschauliche Breinig-City lockt.

Adresse Stefanstraße 1, 52223 Stolberg-Breinig | **Anfahrt** von Aachen über die B 258, hinter Brand links abbiegen in Richtung Krauthausen, der K 14 bis Breinig folgen, am Ortseingang links in die Straße Auf der Heide abbiegen; die Snackbar liegt nach 200 Metern auf der linken Seite | **ÖPNV** Bus 35, Haltestelle Breinigerheide | **Öffnungszeiten** Di – Fr 12 – 14 und 17 – 0 Uhr, Sa 17 – 0 Uhr, So 16 – 22 Uhr | **Tipp** Der historische Ortskern Alt-Breinig ist ideal für einen kleinen Verdauungsspaziergang nach dem Burgergenuss. Vielleicht trifft man auf dem 15-minütigen Fußweg sogar auf Egidius Braun: Der Ehrenpräsident des Deutschen Fußballbundes ist ein echter »Breiniger Jong«.

107__Die CCP Ranch

Wilder Westen zum Mitmachen und Mieten

Ein 8.000 Quadratmeter großes Areal umgibt die CCP Ranch, gelegen am Ortsausgang des beschaulichen Örtchens Zweifall. Die »Ranch«, wie sie von den Betreibern etwas unzutreffend, aber liebevoll genannt wird, besteht aus mehreren Gebäuden, die zusammen nicht nur auf den ersten Blick wie eine richtige kleine Westernstadt daherkommen. In der Hauptsache sind es ein Saloon und ein großer Tanzsaal, in denen diverse Veranstaltungen stattfinden. Es gibt mehrere Schlafsäle, eine große Küche und Sozialräume. Das alles gehört dem traditionsreichen »1. Country Club Stolberg e.V.«, besser bekannt als »Copper City Pioneers«. Daher rührt auch das CCP im Namen der Ranch.

Wenn nicht gerade an der einen oder anderen Stelle auf der Ranch erweitert, ausgebessert oder verschönert wird, dann wird getanzt – und zwar Line Dance. Wie beim geläufigeren Square Dance gibt es beim Line Dance zwar ebenfalls sehr viele Figuren, aber keinen sogenannten »Caller«, der den Tänzern die Figuren ansagt. Für alle, die sich selbst ein Bild machen wollen: Vorführungen – beispielsweise für Schulklassen – finden regelmäßig statt. Auch allgemein Interessierte sind bei den wöchentlichen Vereinstreffen gern gesehen.

Da der Wilde Westen vor der Haustür für jedermann zu mieten ist, trifft man hier nicht nur Hobbyisten – also Mitbürger, die in ihrer Freizeit in Cowboystiefel oder Mokassins schlüpfen. Auch ganz »normale« Feste, von der Hochzeit bis zum Biker-Treffen, können hier gefeiert werden. Gelegenheiten, die CCP Ranch kennenzulernen, gibt es also viele, auch wenn man nicht gleich bei den »Pioneers« das Tanzbein schwingen will. Eine gewisse Affinität zur Country-Musik und die Bereitschaft zu moderater Verklärung amerikanischer Werte sind hilfreich. Hat man diesbezüglich keine Probleme, ist eines der Highlights auf der Ranch mit Sicherheit der beliebte und alljährlich begangene Vatertag im Westernstil.

Adresse Werkstraße 74, 52224 Stolberg-Zweifall | Anfahrt von Aachen-Kornelimünster kommend über die L 12 / L 24, am Ortseingang Zweifall rechts auf die L 238 (Jägerhausstraße) abbiegen; die 3. Abzweigung rechts ist die Werkstraße. | Öffnungszeiten Wöchentliche Treffen finden dienstags ab 20 Uhr im Saloon der CCP Ranch statt. Gäste und Nicht-Vereinsmitglieder sind ab 20.30 Uhr willkommen. Infos unter Tel. 0241 / 167005 oder 0241 / 550911 sowie auf der Webseite www.copper-city-pioneers.com | Tipp Unterwegs lockt bei Kornelimünster ein kurzer Stopp am gallorömischen Tempelbezirk »Varnenum«.

108 Die Kaffeestube in der Torburg

Hörst du die Bohnen?

Wo das Kupferstädtchen Stolberg noch echte Historie atmet, verbreiten sich regelmäßig fast verloren geglaubte Düfte. Frisch gemahlener Kaffee gehört nun wirklich nicht mehr zur Alltagsolfaktorik in Wohnstuben oder Cafés, umso wertvoller wird die Existenz dieser wenigen historischen Altstadt-Quadratmeter. Eingebettet in das Museum der Torburg aus dem 12. Jahrhundert, ruht ein duftender Anachronismus aus der Zeit der vorletzten Jahrhundertwende, der wohlige Gedanken an (Ur-)Großmutters Wohnküche wach werden lässt – sofern die Gnade der mehr oder weniger frühen Geburt solche Erinnerungen zulässt. Vor allem für jüngere Semester wird hier etwas erlebbar von Zeiten, in denen Kittelschürzen blumig waren und Kaffeemühlen mit Muskelkraft betrieben wurden. In Stolbergs guter Stube ist die Zeit stehen geblieben, oder zumindest wurde sie liebevoll zurückgedreht.

Gehörte das hauseigene Bohnenknacken einst zum gewohnten Bild, lässt sich der gewerbliche Rahmen der Kaffeezubereitung nach alter Art und an jedem letzten Sonntag im Monat in gemütlicher Runde bis heute erleben. Dann werfen die guten Geister des Hauses den fast 100 Jahre alten Kaffeeröster an, und Erinnerungswillige wie Spätgeborene nehmen Teil am wundersamen Ritual der Verwandlung: Wenn aus geschmacksneutralem Rohstoff das schwarze (Be-)Lebenselixier wird, das viele Jahre lang im Grenzland für regen Schmuggelverkehr sorgte.

Der Röstvorgang offenbart dabei Genusserlebnisse auf allen erdenklichen Ebenen, wie sie das verpackte Pfund aus dem Supermarkt so nie tangieren könnte. Riechen, Schmecken, Sehen und – dank des herzhaften Knackens – eben auch Hören. Der Rest ist uriges Ambiente pur, angereichert mit hausgebackenem Kuchen und Stolberger Mutterwitz.

Adresse Luciaweg 1, 52222 Stolberg | Anfahrt von Aachen über die Trierer Straße, in Brand links auf die Freunder Landstraße Richtung Stolberg-Büsbach (L 220) abbiegen, am Ende links auf die Zweifaller Straße fahren, am Steinweg parken | ÖPNV Euregiobahn, Haltestelle Stolberg-Altstadt; Bus 1, 25, Haltestelle Rathaus | Öffnungszeiten an jedem letzten Sonntag im Monat wird geröstet, Anmeldung unter Tel. 02402 / 99900-81 | Tipp Nichts liegt näher als ein Besuch des Museums in der Torburg (Öffnungszeiten: Sa, So, feiertags 14 – 18 Uhr). Die schmucke Altstadt lädt ebenfalls zum Entdecken ein. Sie lässt fast vergessen, dass andere Teile Stolbergs heute mit baulichem Verfall und geschäftlichem Leerstand zu kämpfen haben.

109 Die Niederländische Schweiz

Maximales Bergidyll auf 264 Metern Höhe

Keine 20 Kilometer hinter der deutsch-niederländischen Grenze beginnt die Schweiz. Zwar reichen die sanften Hügel Südlimburgs nicht annähernd an die Giganten der Alpen heran, dafür sind die euregionalen Wege zur einzigen Berghütte der Niederlande kurz.

Und in einem ausgewiesen flachen Land freut man sich schließlich über jede erhaben-erhobene Abwechslung. So dürfte auch die außerordentliche Beliebtheit des »Boscafé 't Hijgend Hert'« zu erklären sein, das rund ums Jahr Massen von erholungswilligen Niederländern in den äußersten Süden ihres Königreichs lockt. Hier oben, so wirbt man im Vijlenerbos, sind die Winter so kalt und die vermeintlichen Sommer so warm wie nirgends sonst im Land des bedingungslosen Offensivfußballs.

Zwar wird die importierte Alpenidylle im »Bergdorpje van Nederland« buchstäblich auf die Spitze getrieben, aber eigentlich können selbst überzeugte Alpinisten nur den unsichtbaren Gamsbarthut vor der Detailverliebtheit ziehen, die einem aus jedem Winkel entgegenschlägt: Der röhrende Hirsch grüßt vom Bild, während nebenan der ausgestopfte Wildschweinkopf die Hauer bleckt. Hier und da verrät auch ein Paar original niederländischer Holzklompen, wo man sich in Wirklichkeit befindet: In einem der beliebtesten Naherholungsgebiete von Beatrix' Königreich.

Begonnen hatte alles mit einer kleinen Einkehrhütte für Wanderer in der Region; der Zuspruch der trinationalen Anrainer machte nach und nach Anbauten nötig. So genießen heute an den Wochenenden mehrere hundert Besucher die gigantische Bierauswahl oder schauen den Rehen, Hasen und Hühnern beim Sie-selbst-Sein zu. Das Bergidyll ist so maximal, wie es die Umgebung zulässt. Nur wenn der Hausherr statt Schwyzerdütsch breitestes Limburger Platt offenbart, weiß man sich wieder im waldreichen Süden der Niederlande.

Adresse zum Beispiel Boscafé 't Hijgend Hert', Harles 23, 6294 NG Vijlen (NL) | Anfahrt Mit dem Auto von Aachen aus über die Grenze nach Vaals fahren, dort der Beschilderung in Richtung Epen folgen. Die Straße führt direkt in den Vijlenerbos (Viljener Wald). Das Boscafé ist ausgeschildert. Die sprachgewandten Limburger beantworten auch auf Deutsch gestellte Fragen nach dem Weg noch lieber, wenn man ein kurzes »alstublieft« (»Bitte«) hinzufügt. | Tipp Unbedingt sollte etwas Zeit für eine Wanderung im Wald einkalkuliert werden.

110 Das Clermont-Mausoleum

Der große Tuchfabrikfabrikant sorgt vor

Irgendwie muss er ja schon eine Lichtgestalt seiner Zeit gewesen sein, dieser Johann Arnold von Clermont, Erfolgsfabrikant, Baumeister, Naturliebhaber, Kulturfreund, Vaalser Stadtentwickler. Bereits zu Lebzeiten schuf er mit dem Mausoleum hinter dem herrschaftlichen Park seines Anwesens Schloss Vaalsbroek die letzte Ruhestätte für sich und seine Familie.

1728 geboren, stieg Clermont mit 23 Jahren nach dem Tod seines Vaters in die Führungsetage der familieneigenen Tuchfabrik auf, die zu dieser Zeit bereits beste internationale Handelsbeziehungen unterhielt und für die preußische, russische und später die französische Armee Gardeuniformen produzierte. Dass sich der russische Zar Peter der Große im Jahr 1717 auf einer Reise durch Westeuropa bei den Clermonts in der Franzstraße einquartierte, sprach nicht nur für die Internationalität der Stadt.

Da das Aachener Zunftwesen Expansion nicht zuließ, zog es den ausgewiesenen Kulturmenschen ab 1761 ins niederländische Vaals. Dort kaufte er das baufällige Schloss Vaalsbroek aus dem 15. Jahrhundert und baute es bis 1765 zur Familienresidenz und zum Hauptfirmensitz aus. Dabei entstanden auch – zum Teil nach Clermonts eigenen Plänen sowie mit Beratung durch den Aachener Baumeister Couven – etliche Erweiterungsbauten und der noch heute äußerst sehenswerte Park mit seinem seltenen Baumbestand. Clermont legte Wert auf ein erlesenes »Drumherum«, was sich auch in der Anlage von Teichen, Wasserfällen und Obstwiesen niederschlug.

Das wohl kurioseste Bauwerk im »Clermont-Land« ist bis heute das Mausoleum. 1788 entstand der Pavillon, in dem der Fabrikant noch zu eigenen Lebzeiten drei seiner 16 (!) Kinder und seine Ehefrau beisetzen lassen musste. Das Mausoleum liegt auf einem Hügel abseits des Anwesens und ist frei zugänglich.

Adresse Vaalsbroek 1, 6291 NH Vaals (NL) | **Anfahrt** von Aachen über die Vaalser Straße, die an der Grenze zur Maastrichterlaan wird, hinter Vaals die zweite Ausfahrt im Kreisverkehr nehmen (Randweg), dann links in den Eschbergweg / Vaalsbroek abbiegen | **ÖPNV** Bus 61, Haltestelle Vaalsbroek | **Öffnungszeiten** nur bei Tageslicht wirklich lohnenswert | **Tipp** Ist man ohnehin mit Auto oder auch Fahrrad unterwegs, dann ist eine Tour durch das Mergelland unbedingt zu empfehlen – von Ortschaft zu Ortschaft auf Kaffeetour.

111 De Valkenburgse Grotten

Geheimgänge im Vergnügungszentrum

Es ist der pure Kitsch im einmaligen Ambiente alter Sandsteinhöhlen. Beim alljährlichen unterirdischen Weihnachtsmarkt beherbergen Valkenburgs Mergelgrotten leider nur wenig Handgemachtes zum Fest. Stattdessen: asiatisches Plastik. Dabei sind die Grotten an sich schon Attraktion genug. Das ursprüngliche Stollensystem, das sich kilometerlang durch den Heunsberg zieht, entstand bereits im 12. Jahrhundert. Der abgebaute Mergel wurde bereits für die Errichtung der Valkenburg verwendet, deren Ruine heute zu den Hauptattraktionen des Städtchens gehört. Erst in den 1930er Jahren entdeckte man, dass die Burg mit dem Stollen durch geheime Gänge verbunden ist. Im Zweiten Weltkrieg nutzten die Bürger von Valkenburg die Grotten als Schutzort bei Luftangriffen. Sogar eine unterirdische Kapelle wurde aus dem weichen Mergel geformt, als man sich oft tagelang unter der Erde versteckte. In dieser Zeit entstanden auch die letzten einer Vielzahl von Kohlemalereien; sie sind bis heute erhalten und zu besichtigen. Auch amerikanische Soldaten verewigten sich an vielen Stellen. Dass die dunklen Gewölbe mit Vorsicht zu genießen sind, zeigt die schaurige Tatsache, dass noch im Jahr 1993 zwei Jungen in den Höhlen verschwanden und nur noch tot geborgen werden konnten.

Valkenburg ist ein alter Ort, nicht nur durch die mittelalterliche Befestigung, sondern auch, was den Tourismus angeht. Seit 1840 bildet der Fremdenverkehr die Haupteinnahmequelle der Menschen in diesem Teil des Göhltals.

Das ganz eigene Unterhaltungsverständnis der Limburger treibt dabei mitunter seltsame Blüten. So kann das Städtchen neben den historisch wertvollen Attraktionen auch auf eine Geschichte als Mekka der leichten Unterhaltung zurückblicken. Nicht zuletzt die Spielbank auf dem auch Radsportfreunden vertrauten Cauberg brachte der 18.000-Einwohner-Gemeinde den Beinamen »Las Vegas von Südlimburg« ein.

Adresse Fluweelengrot Daalhemerweg 27, 6301 BT Valkenburg a.d. Geul (NL) | **Anfahrt** von Aachen aus mit dem Auto über die A 79, Ausfahrt Valkenburg, Richtung Zentrum fahren, dann den Schildern »Kasteelruine«, »Grotten« und / oder »Fluweelengrotte« folgen | **Öffnungszeiten** Rund ums Jahr finden täglich Führungen statt, in der Regel zu jeder vollen Stunde zwischen 11 und 16 Uhr. Gesonderte Zeiten im Web unter www.fluweelengrot.nl (deutschsprachig) | **Tipp** Abseits des touristischen Zentrums hat Valkenburg viele schmucke alte Bürgerhäuser zu bieten. Dabei ist der »städtische« Mergel immer wieder präsent.

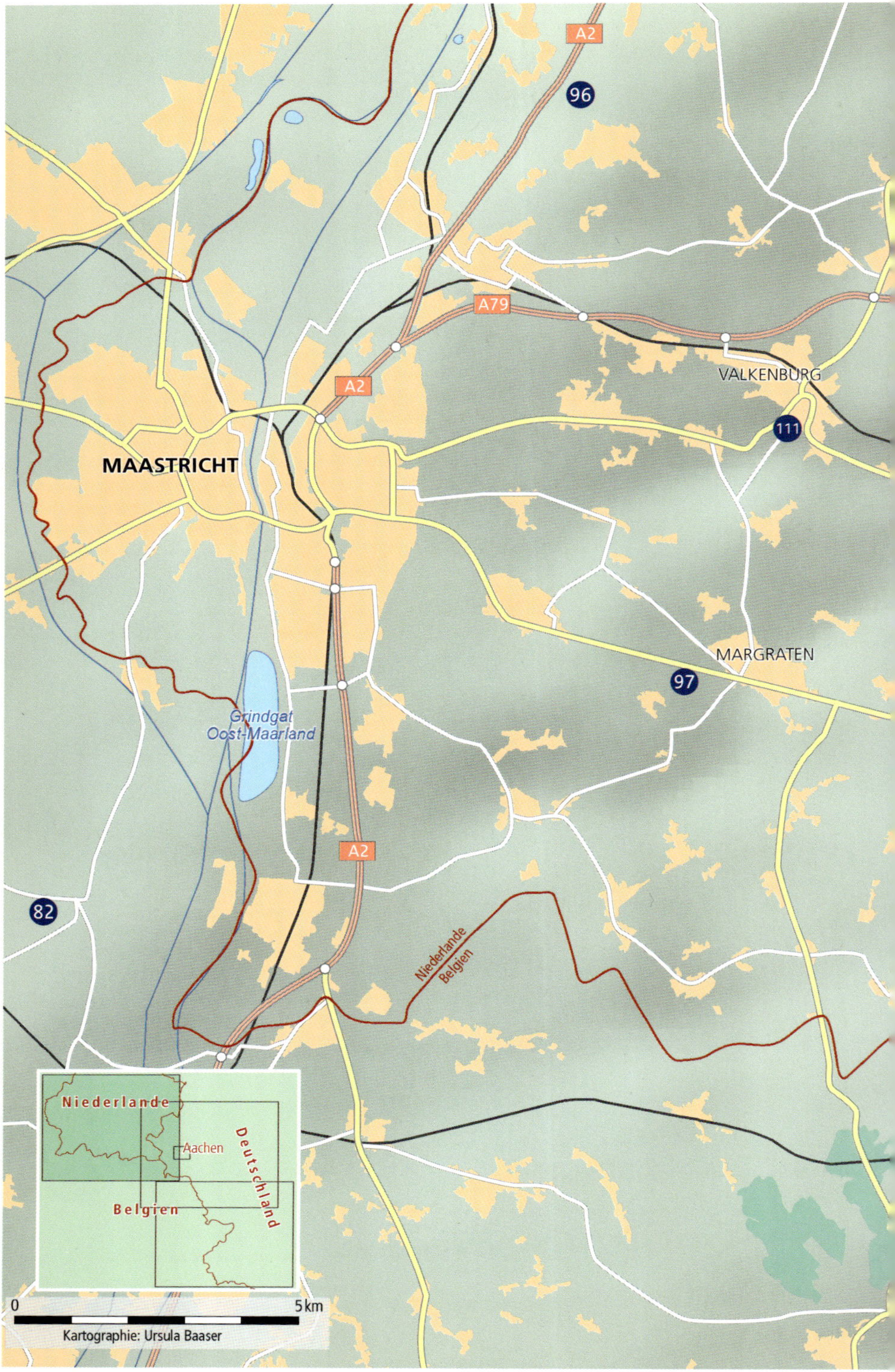
A2
96
A79
VALKENBURG
A2
111
MAASTRICHT
MARGRATEN
97
Grindgat
Oost-Maarland
A2
82
Niederlande
Belgien
Niederlande
Aachen
Deutschland
Belgien
0
5 km
Kartographie: Ursula Baaser

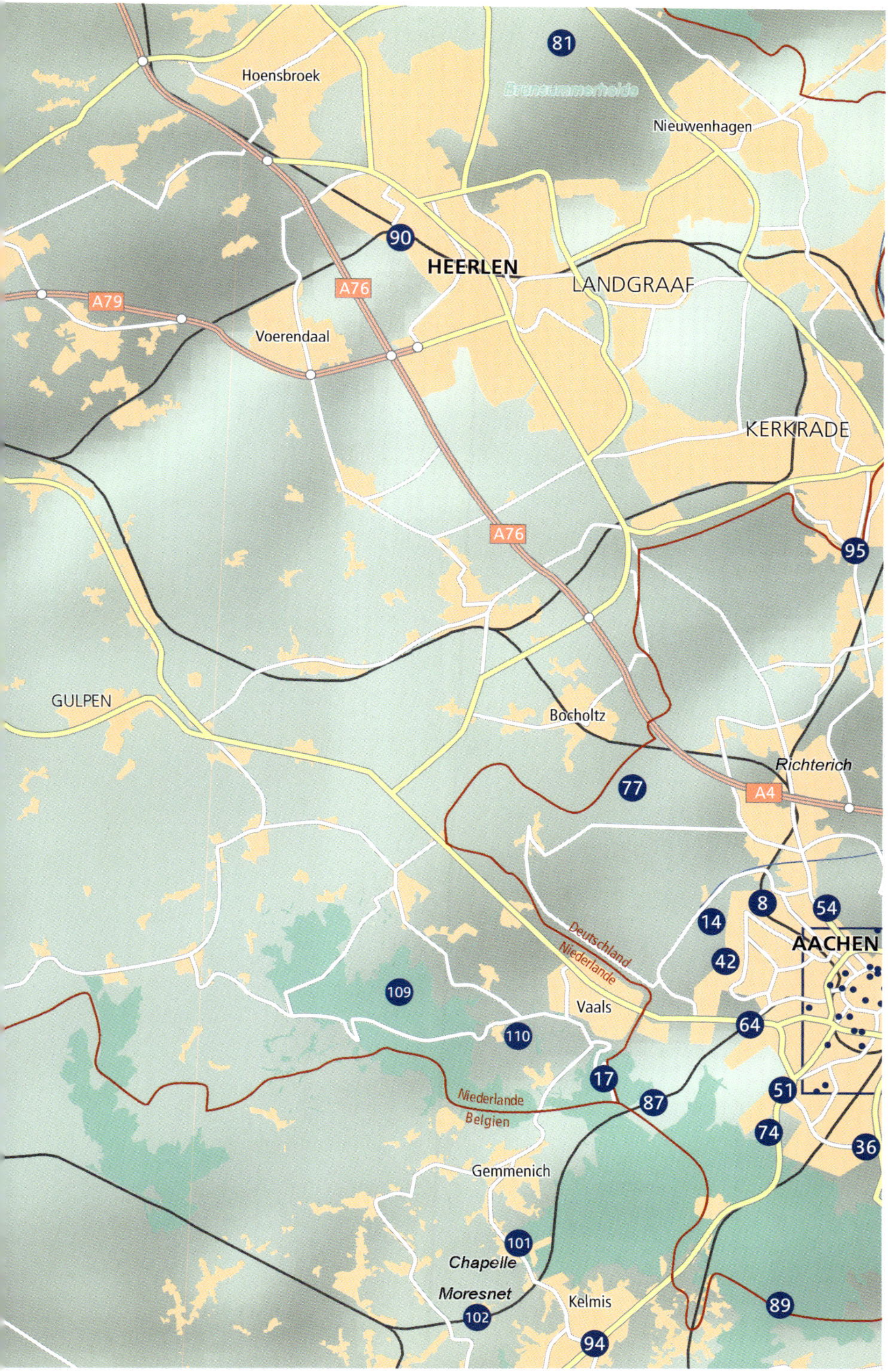
81
Hoensbroek
Nieuwenhagen
90
HEERLEN
LANDGRAAF
A79
A76
Voerendaal
KERKRADE
A76
95
GULPEN
Bocholtz
Richterich
77
A4
8
54
14
AACHEN
42
Deutschland
Niederlande
109
Vaals
64
110
17
51
87
Niederlande
Belgien
74
36
Gemmenich
101
Chapelle
Moresnet
Kelmis
89
102
94

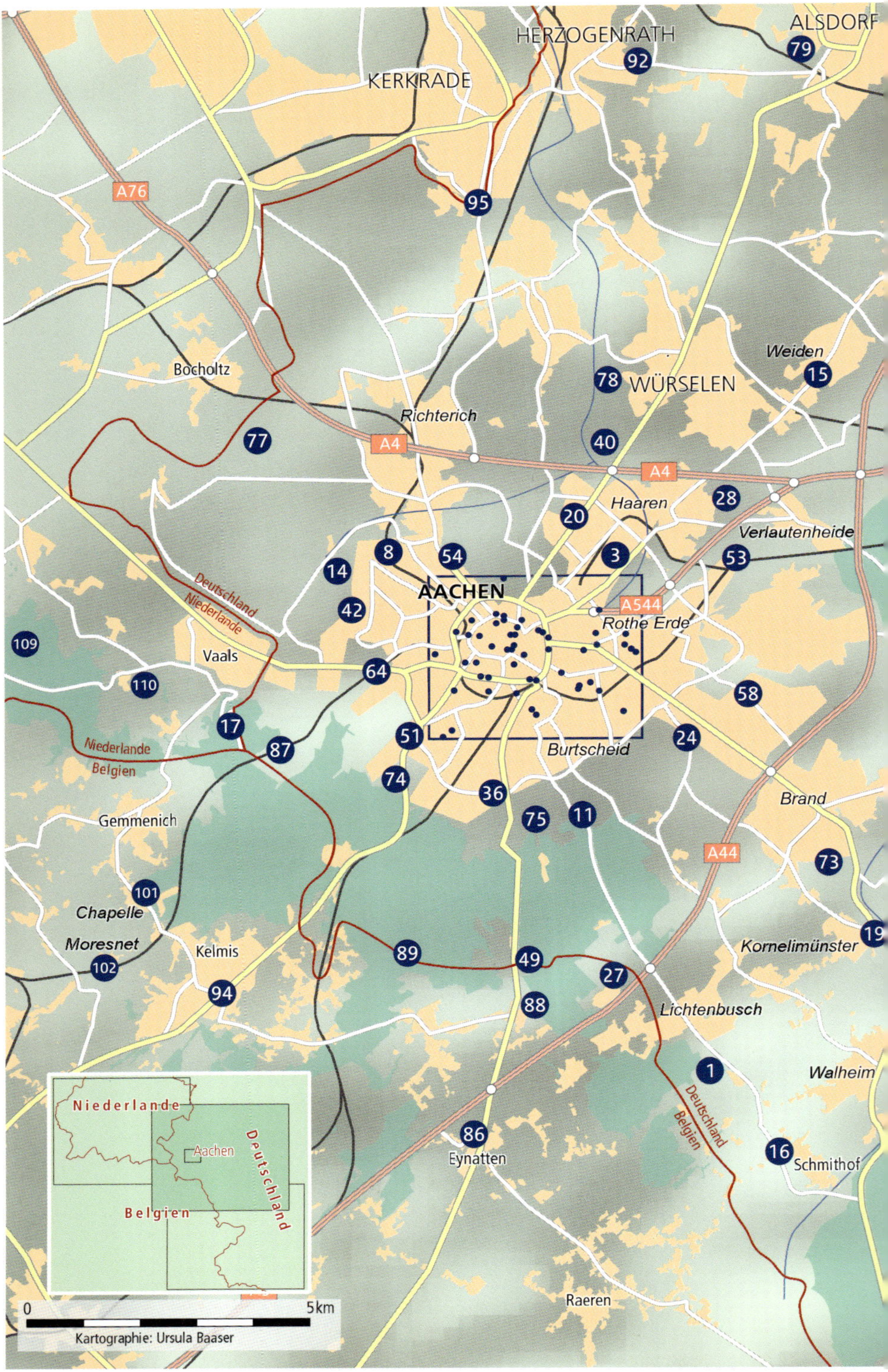

HERZOGENRATH
ALSDORF
KERKRADE
A76
Bocholtz
Richterich
WÜRSELEN
Weiden
A4
Haaren
Verlautenheide
AACHEN
A544
Rothe Erde
Deutschland
Niederlande
Vaals
Niederlande
Belgien
Burtscheid
Brand
Gemmenich
A44
Chapelle
Moresnet
Kelmis
Kornelimünster
Lichtenbusch
Walheim
Deutschland
Belgien
Eynatten
Schmithof
Raeren
Niederlande
Aachen
Deutschland
Belgien
0
5km
Kartographie: Ursula Baaser
92
79
95
15
78
77
40
28
20
8
54
14
3
53
42
109
110
64
58
17
87
51
24
74
36
75
11
73
101
19
102
89
49
27
94
88
1
86
16

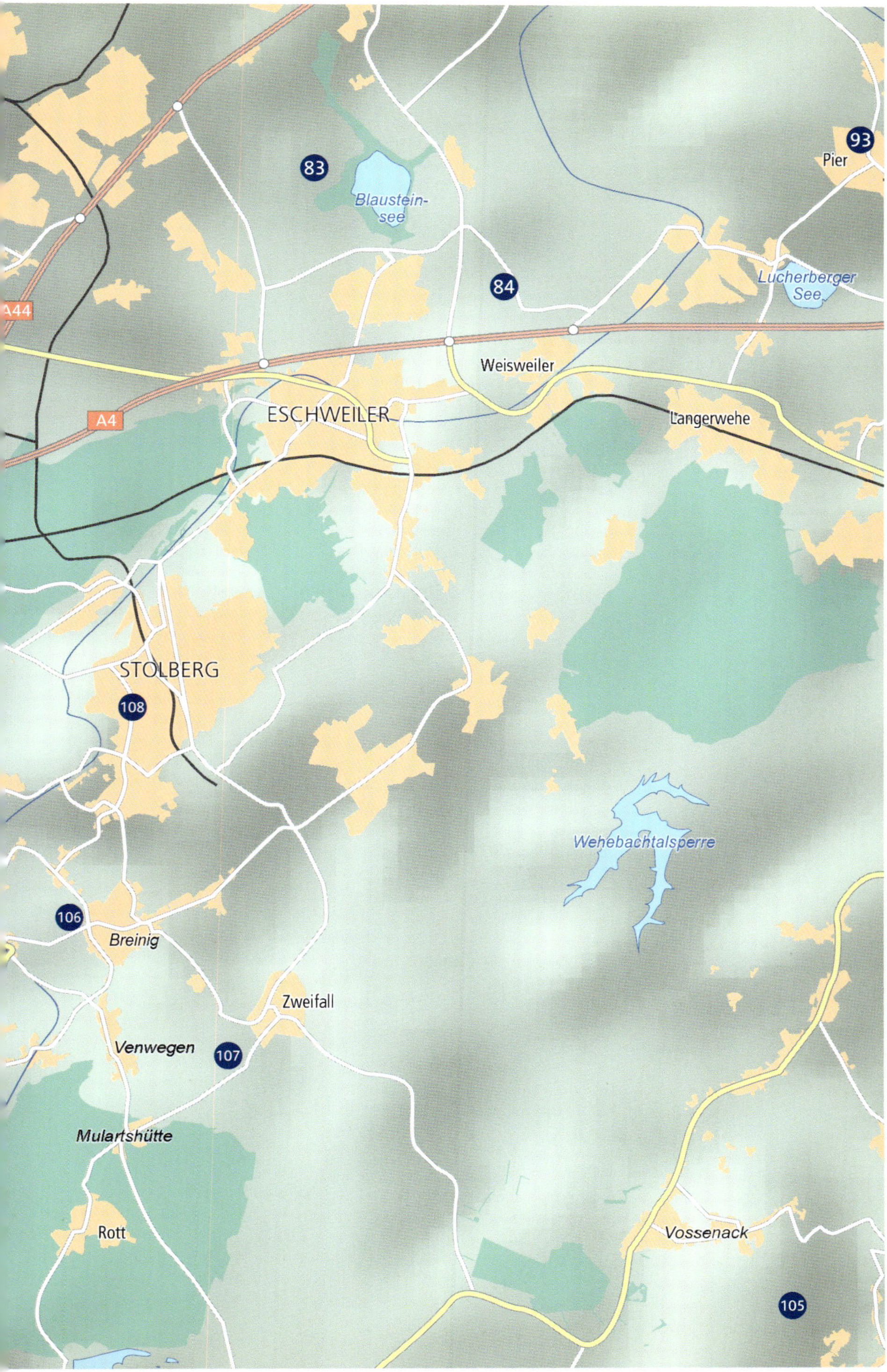
A44
83
Blaustein-
see
84
93
Pier
Lucherberger
See
Weisweiler
A4
ESCHWEILER
Langerwehe
STOLBERG
108
Wehebachtalsperre
106
Breinig
Zweifall
Venwegen
107
Mulartshütte
Rott
Vossenack
105

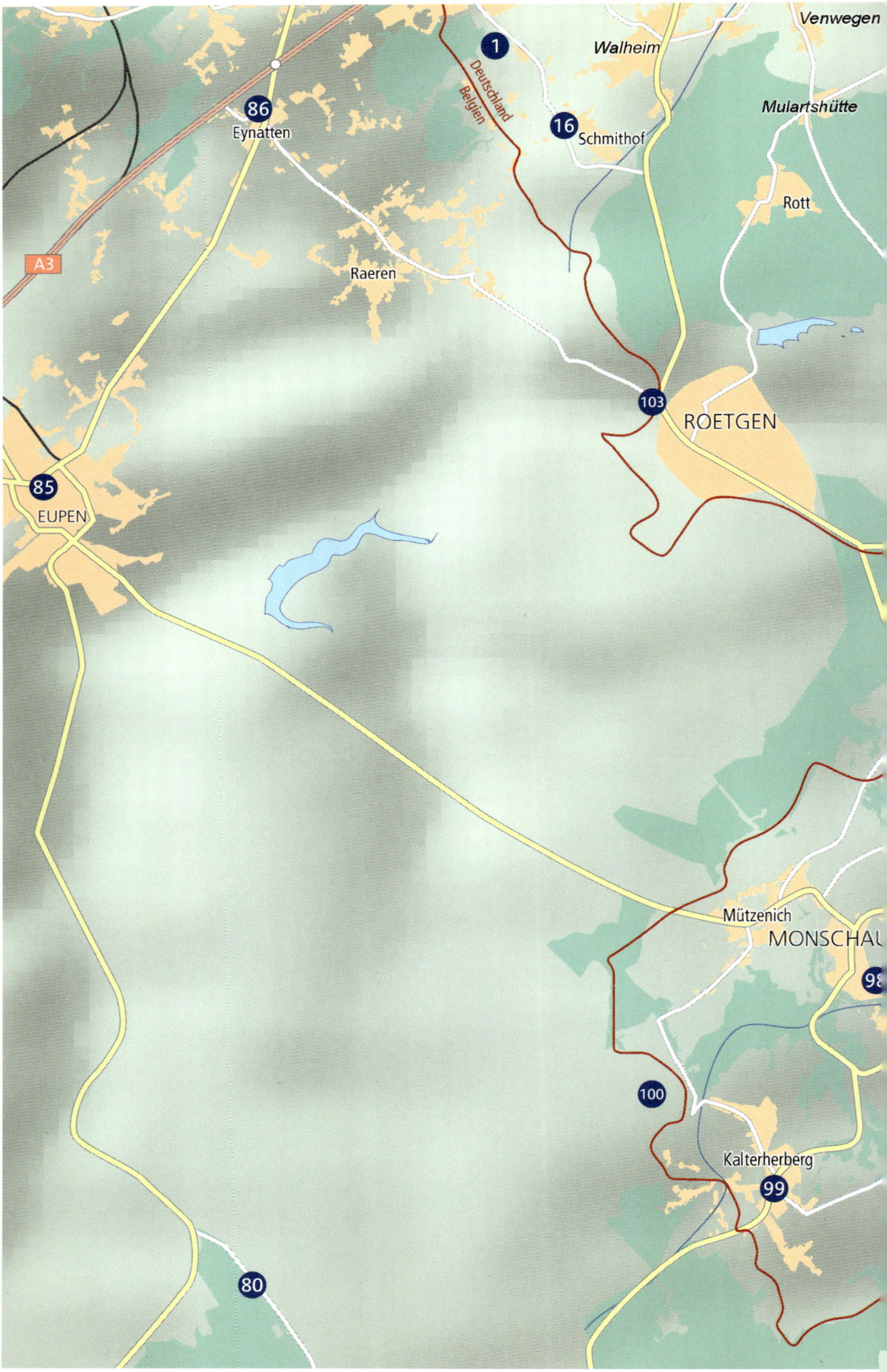

Venwegen
Walheim
1
Deutschland
Belgien
Mulartshütte
86
Eynatten
16
Schmithof
Rott
A3
Raeren
103
ROETGEN
85
EUPEN
Mützenich
MONSCHAU
100
Kalterherberg
99
80

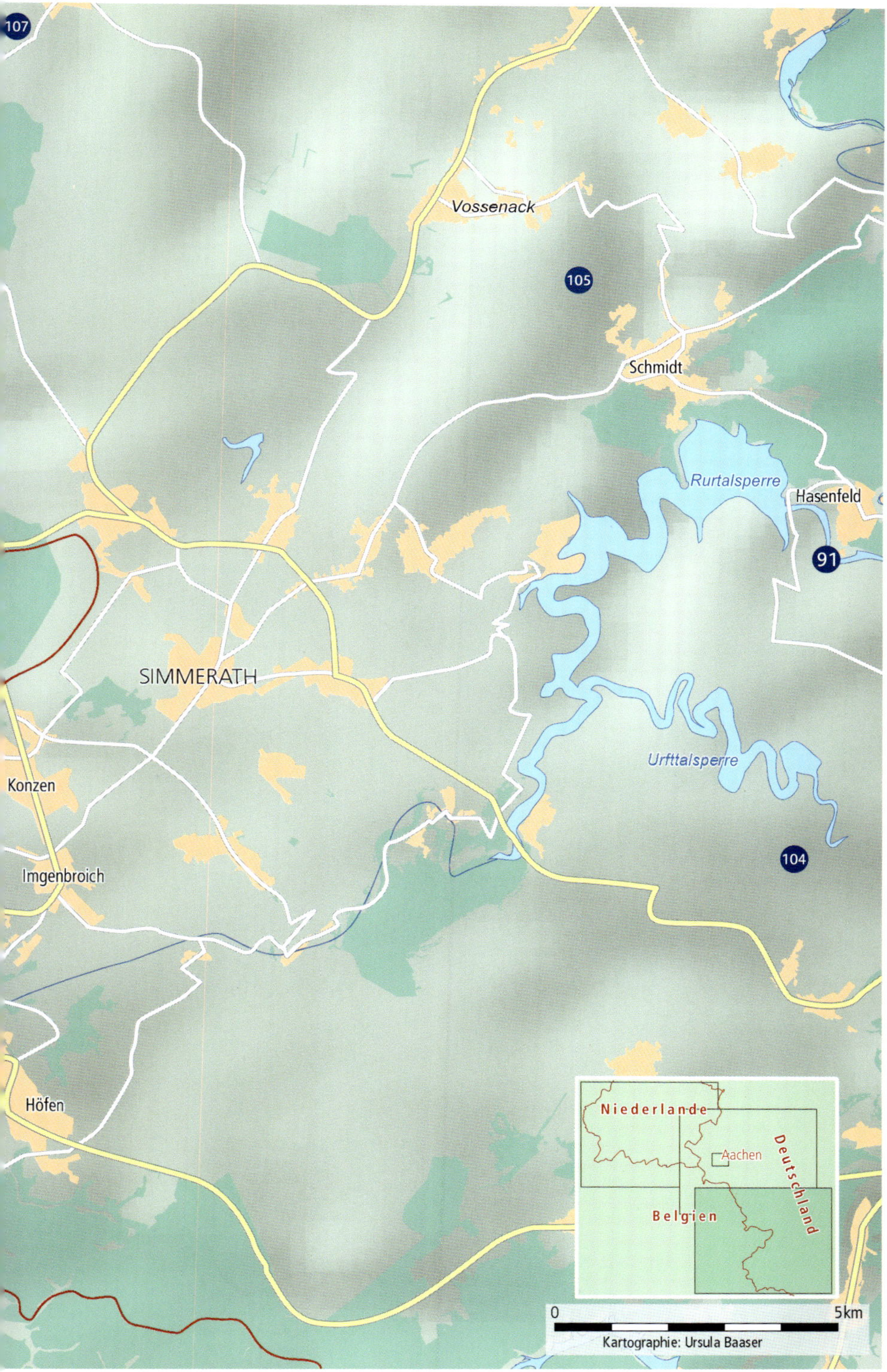
107
Vossenack
105
Schmidt
Rurtalsperre
Hasenfeld
91
SIMMERATH
Urfttalsperre
Konzen
Imgenbroich
104
Höfen
Niederlande
Aachen
Deutschland
Belgien
0
5km
Kartographie: Ursula Baaser

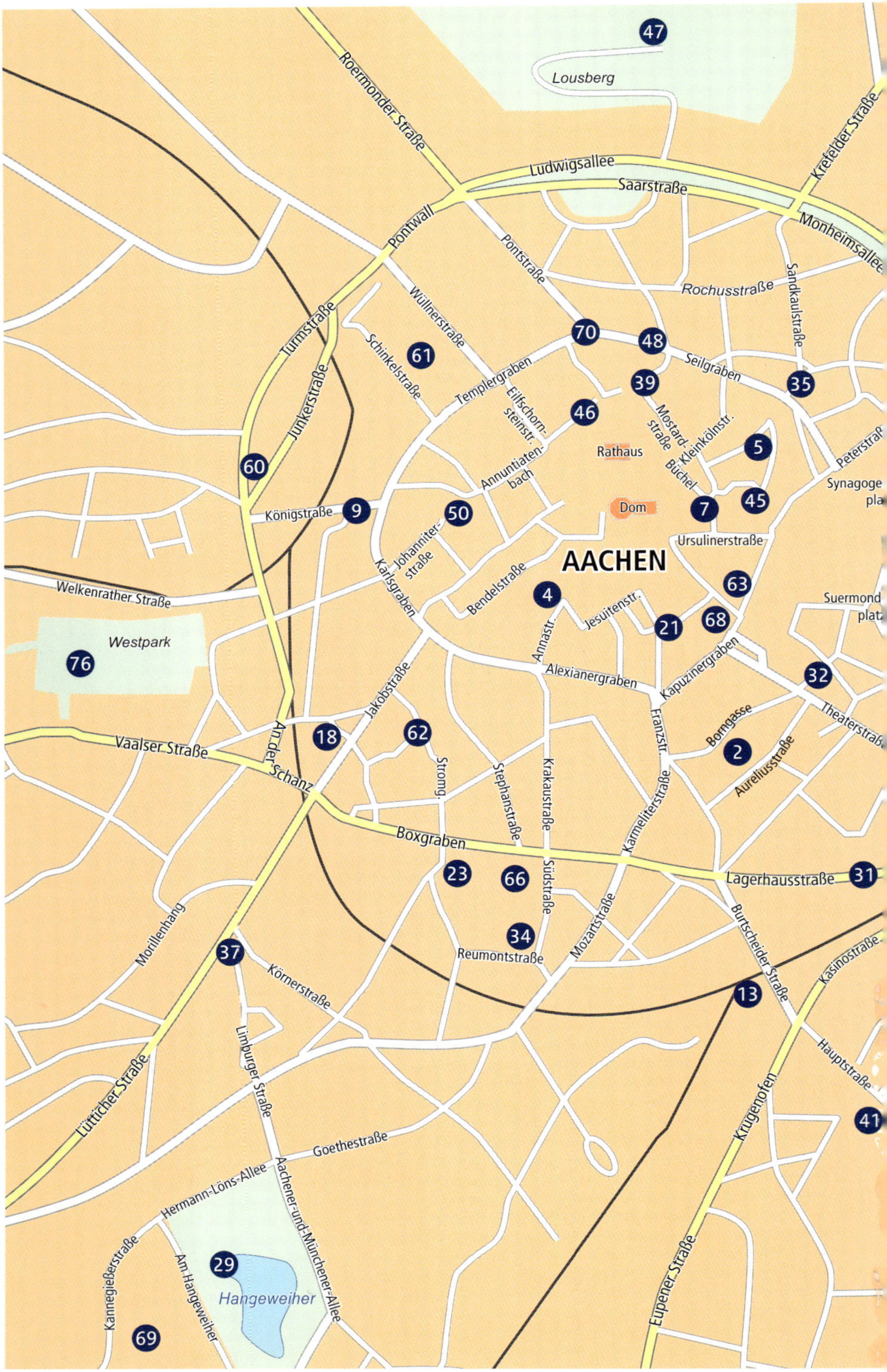

AACHEN
Lousberg
Roermonder Straße
Ludwigsallee
Saarstraße
Krefelder Straße
Monheimsallee
Pontwall
Pontstraße
Rochusstraße
Sandkaulstraße
Turmstraße
Wüllnerstraße
Schinkelstraße
Templergraben
Eilfschornsteinstr.
Seilgraben
Junkerstraße
Mostardstraße
Kleinkölnstr.
Büchel
Rathaus
Annuntiatenbach
Königstraße
Johanniterstraße
Dom
Ursulinerstraße
Synagoge
Peterstraße
Karlsgraben
Bendelstraße
Welkenrather Straße
Westpark
Jesuitenstr.
Suermond
Annastr.
Kapuzinergraben
Alexianergraben
Jakobstraße
Theaterstraße
Franzstr.
Borngasse
Vaalser Straße
An der Schanz
Stromg.
Stephanstraße
Krakaustraße
Aureliusstraße
Karmeliterstraße
Boxgraben
Lagerhausstraße
Südstraße
Morillenhang
Mozartstraße
Burtscheider Straße
Reumontstraße
Kasinostraße
Körnerstraße
Limburger Straße
Hauptstraße
Lütticher Straße
Krugenofen
Goethestraße
Hermann-Löns-Allee
Aachener-und-Münchener-Allee
Kannegießerstraße
Am Hangeweiher
Hangeweiher
Eupener Straße
47
70
48
39
35
61
46
5
60
9
50
7
45
63
4
21
68
76
32
18
62
2
23
66
31
34
37
13
41
29
69

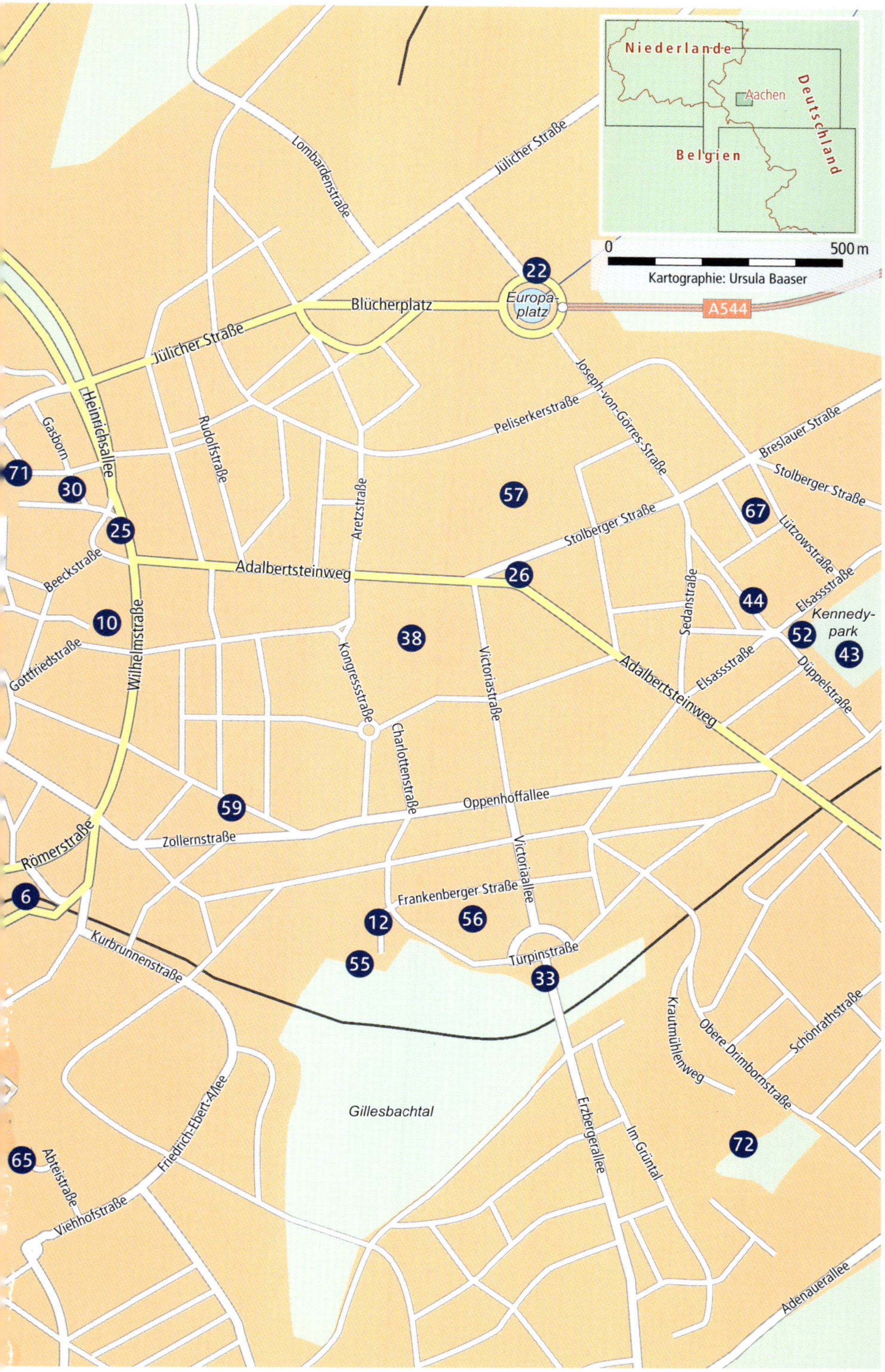
Niederlande
Aachen
Deutschland
Belgien
0
500 m
Kartographie: Ursula Baaser
A544
Jülicher Straße
Lombardenstraße
Blücherplatz
Europaplatz
Jülicher Straße
Heinrichsallee
Gasborn
Rudolfstraße
Aretzstraße
Peliserkerstraße
Joseph-von-Görres-Straße
Breslauer Straße
Stolberger Straße
Stolberger Straße
Lützowstraße
Elsassstraße
Kennedypark
Adalbertsteinweg
Beeckstraße
Wilhelmstraße
Gottfriedstraße
Kongressstraße
Victoriastraße
Sedanstraße
Elsassstraße
Düppelstraße
Adalbertsteinweg
Charlottenstraße
Oppenhoffallee
Zollernstraße
Römerstraße
Victoriaallee
Frankenberger Straße
Kurbrunnenstraße
Turpinstraße
Krautmühlenweg
Obere Drimbornstraße
Schönrathstraße
Gillesbachtal
Friedrich-Ebert-Allee
Erzbergerallee
Im Grüntal
Abteistraße
Viehhofstraße
Adenauerallee
22
71
30
25
57
67
26
44
10
38
52
43
59
6
12
56
55
33
72
65

Unendlichen Dank an Jenny Roder, Dorothea Barth und Oma Thekla. Ebenso an Eckhard Heck sowie an den Emons Verlag für das Vertrauen.
Eckhard Heck dankt Gudrun Houben, Illes Strzedulla, Bianca und Robert Sukrow, Nikoleta Vuèetiæ.

Der Autor

Alexander Barth, Jahrgang 1977, lebt und arbeitet als Journalist und Autor in seiner Geburtsstadt Aachen. Auf der Suche nach Geschichte und Geschichten ist er in der Region ebenso gern unterwegs wie auf Konzerten, Flohmärkten oder Fußballplätzen.

Der Fotograf

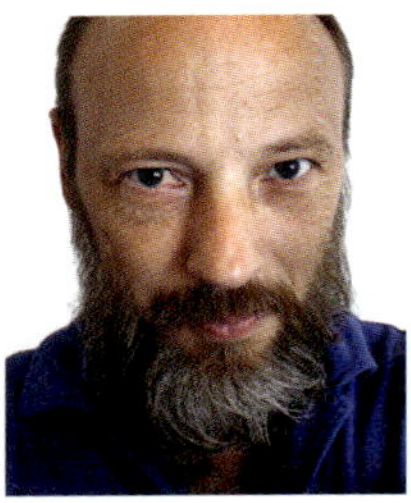

Eckhard Heck, geboren 1962 im Saarland, arbeitet als selbstständiger Grafiker und Fotograf in Aachen. Trotz des stetigen Wandels der Technologien steht für ihn immer noch fest: Der Fotograf macht das Bild, nicht die Kamera.